马怀德◎主编

七秩春秋
桃李满园

QIZHI CHUNQIU
TAOLI MANYUAN

中国政法大学出版社

2024·北京

序　言

  2022 年喜逢我国著名法学家、法学教育家，中华人民共和国刑事诉讼法学的开拓者和重要的奠基者中国政法大学终身教授陈光中先生执教七十周年。师恩浩荡，泽被四海，春华秋实，桃李天下。为了纪念这珍贵和温暖的日子，2022 年 12 月 24 日下午在北京采取线上线下相结合的方式隆重举办了"陈光中教授执教理念与实践研讨会暨陈光中教授执教七十周年座谈会"。本次座谈会共收到领导贺词 7 篇、单位贺信 10 篇、友人贺词 7 篇、学生贺词和贺文 37 篇，全方位展现了陈光中教授在执教、治学及育人方面的成就，现通过整理予以集结出版。

  在教书育人方面，陈光中教授 1952 年从北京大学法律系毕业后留校任教，同年转入中国政法大学（前身为北京政法学院）历任助教、讲师、副教授、教授，行政上兼任过研究生院副院长、副校长、校长。他是国务院学位委员会批准的全国第一位诉讼法学博士研究生导师，是国务院学位委员会法学评议组成员。历经七十载砥砺耕耘，共培养出 119 位博士研究生、13 位博士后和 16 位硕士研究生。他的学生们基本上都在教学科研部门和政法实务部门工作，有的成为著名学者，有的成为高级领导干部。在教学科研中，他重视开展对外和对中国台湾地区的学术交流，组织了规模不同的中外学术交流研讨会，他还亲自带队到法、德、美、英、日等国考察，开展学术交流十多次。

  在著书立说方面，陈光中教授独著、合著和主编著作 45 本，主编教材 18 本，发表学术论文 300 余篇，特别是他晚年每年都发表数篇论文，被誉为"老年高产学者"。他在著作中阐述自己的学术思想，成一家之言。他一生学术思想的精华可以概括为"刑事诉讼动态平衡观"。他多次参与立法活动，其中最为突出的是 1996 年《中华人民共和国刑事诉讼法》的修正，其与中国政法大学全体学科同仁共同努力，拟制了《中华人民共和国刑事诉讼法〈修改建议稿〉》并附有理由解释，该建议稿中约三分之二的内容被 1996 年《中华人民共和国刑事诉讼法》所吸收采纳。

  在教学、研究会改革方面，陈光中教授担任行政职务期间，其在革新教学、破格晋升青年教师职称、引进人才、开展对外学术交流、提高学术声誉和建设昌平新校区等方面均有所建树，并因作风平实被誉为"平民校长"。他从 1984 年起担任了 22 年诉讼法学研究会会长，每年都组织并亲自参加年会，发表论文，参与学术交流。

  他很早就以"立德、立功、立言"作为自己的人生信条。张文显教授在"陈光中教授执教理念与实践研讨会暨陈光中教授执教七十周年座谈会"的致辞中用"执教者，大先生也""执教者，大教育家也""执教者，大思想家也""执教者，大导师也"高度称赞陈光中教授的执教成就和学术品格，令人敬佩。作为先生的弟子，我们要始终学习他立德树人的师道传承，严谨求实的踏实学风、勇于创新的开拓精神，忠诚担当的至臻情怀，为繁荣诉讼法学术研究、推动法学学科建设、培养优秀法治人才做出新的贡献。祝先生学术之树长青！

　　是为序。

目　录

第三部分

执教七十周年祝贺文集

领导贺词

王洪祥[*]

青山不老，为霞满天
——祝贺陈光中先生执教七十周年

　　今天，教育部人文社科重点基地、中国政法大学诉讼法学研究院、中国刑事诉讼法研究会联合在线上主办"陈光中教授执教理念与实践研讨会暨陈光中教授执教七十周年座谈会"，非常特殊、十分难得而又殊为珍贵。举办这个活动，这是学校、基地、研究会，同道故旧、家人亲友更是众多门生弟子的一致期盼、共同心愿。由于新冠疫情的反复无常，3 年来一次次被改期、推迟，今天终于如愿以偿，也算好事多磨，一遂心愿，因此显得甚为不易、弥足珍贵。

　　陈光中先生是我国法学法律界、教育界享有盛誉、具有崇高威望的著名法学家、法学教育家。少小明志，立德立言，报效国家。九十余载，初心不改，矢志不渝。1952 年从北京大学法律系毕业留校后不久即遇法学院校合并到北京政法学院教书，此后七十年与法学教育研究结下了不解之缘。七十年辛勤园丁，七十年培育英才，春风化雨，桃李芬芳，迄今为止亲自指导培养了 120 多位博士研究生和博士后，听过他授课讲学、研读过他著述的法学学子更是不计其数，为国家培养了大批高层次高素质法治建设人才，如今成为立法、执法、司法战线和法律服务、法学教育研究领域的骨干中坚力量，出类拔萃的佼佼者，各行各业的领军人物。

　　在学术成就上，陈光中先生是中华人民共和国刑事诉讼法学的开拓者和重要奠基人，博古通今，学贯中西，著作等身，成就斐然，是中华人民共和国第一位诉讼法学博士研究生资格授予者，长期担任中国法学会副会长、中国诉讼法学研究会（中国刑事诉讼学研究会）总干事（会长），教育部法学学科学位指导委员会委员，近年来又担纲《中国大百科全书·法学》主编。70 年来，特别是改革开放以来，他围绕社会主义法治建设的重点、难点、热点，特别是围绕加快建设符合中国实际、具有中国特色，公正权威高效的社会主义司法制度和刑事诉讼程序制度而上下求索、发声建言、奔走呼吁，为历次刑事诉讼法的修改、科学完善的刑事诉讼程序构建、证据、辩护、审判等制度的完善、加强人权司法保障、深化司法改革等提出独到见解、有针对性的解决方案，提供了重要的理论指导和学理支撑。

　　正因为如此，先生被广泛赞誉为一代宗师，学术巨匠。

　　在学科团队建设上，陈先生一生严谨治学，精益求精，坚持真理，务实创新，虚怀若

---

　　[*] 陈光中教授指导的 1989 级博士研究生，中央政法委副秘书长。

谷，海纳百川，倡导学术民主，秉持百花齐放，作为诉讼法学领域老一辈领军人物和首席专家，以其精深的学术造诣、高超的组织协调能力打造出了中国政法大学诉讼法学的一流教学和学术团队，形成规模宏大、数量充足、结构合理、良性循环的强大阵容和超级团队，这里大师云集、名家荟萃、群星璀璨、声名遐迩。在陈光中教授的带领、老中青三代的接续努力、薪火相传下，中国政法大学诉讼法学研究院而今成为诉讼法学研究的理论高地，国内外同行交流切磋的专业平台，诉讼法学高端人才和高水平研究成果熔炉和孵化器，更是莘莘学子、有志青年向往、景仰的殿堂！

在师德风范上，陈光中教授德高为范，德隆望尊。他信念坚定，对党忠诚，热爱国家，致力于建设法治强国。他坚持中国特色社会主义法治发展道路的治学方向和德才兼备、以德为先的选人育人标准，并身教重于言教。为了给国家培养合格法治人才，数十年如一日，呕心沥血，殚精竭虑，一切为了学生，一切围绕学生，一切服务学生。年过九旬，还亲自给指导的博士生上课。为了培育更多新人、奖励提携后学，专门设立"陈光中诉讼法学奖学基金"，面向全国所有法学院校诉讼法专业研究生，他也是基金中个人捐款最多的。此次活动，老先生又个人再次向基金捐赠 500 万元，同时，心系故里，回报乡梓，向浙江永嘉县"陈光中教育基金"捐款 300 万元。金钱上他已一无所有，但精神上他却富甲天下，他的全部心血、精力都倾注到培育桃李、立德树人上了，燃烧自己，照亮后来人，甘当人梯，甘为铺路石，是他的动力源泉，也是他最大的慰藉和满足。这就是大爱至简、大爱无疆、大爱无痕。

对我本人，陈光中教授既是授业恩师，又是我此生的"贵人"。今年正好是我有幸师从先生学习获得博士学位 30 周年。培养教诲之恩重于泰山，永生难忘。先生的授业解惑使我受益匪浅，先生的身教传道、崇高风范、师德修养更是刻骨铭心、终身受用的宝贵精神财富，是我永远立身、为人、做事、交友、待人、用权的一面镜子、一把尺子。

党的二十大擘画了开启第二个百年奋斗目标，开启了全面建设社会主义现代化国家的新征程，报告鲜明提出，教育、科技、人才是全面建设社会主义现代化国家的基础性、战略性支撑。并且，前所未有地把坚持全面依法治国，推进法治中国建设作为单独一部分，要求在法治轨道上全面建设社会主义现代化国家。我们作为法律人，深为振奋、深受鼓舞，又深感责任重大、功成有我。已是鲐背之年的陈光中教授也是充满着兴奋，等不起、坐不住，又精神抖擞、信心满满地计划新的目标！正是有志不在年高，奋斗者正青春；正是"老牛亦解韶光贵，不待扬鞭自奋蹄"；正是"莫道桑榆晚，为霞尚满天"。

最后，让我们对陈光中先生执教七十周年表示衷心的祝贺！向这位备受景仰、精神矍铄的"90 后"、向这位不知疲倦、只争朝夕的"拓荒牛"、向这位为学为事为人堪当楷模的"大先生"、向这位依法治国新征程上的"追梦人"表达最崇高的敬意和最衷心的祝福：智者康，仁者寿！祝陈光中教授生命之树长青，学术之树长青，福寿安康，期颐可期！

张文显*

在"陈光中教授执教理念与实践研讨会暨陈光中教授执教七十周年座谈会"上的致辞

尊敬的陈光中先生，各位嘉宾、老师、同学们：

大家好。首先，我代表中国法学会向全国杰出资深法学家、中国法学会学术委员会资深委员陈光中先生执教70周年表示热烈祝贺！

今天这个活动的关键词是"执教"，是陈光中先生执教70周年座谈会暨陈光中教授执教理念和实践研讨会。"执教"这个词用在陈先生身上非常恰当、非常精确！对于大多数教师来说，无论我们有多长教龄，可能只是"从教""任教""教书"而已，而陈先生则是"执教"。而且迄今陈先生已经执教70年，这对于绝大多数教师来说，也是可望而不可即的。

也许，人们会问，执教与从教的区别何在？类比而言，类似于导演与表演的区别、指挥与演奏的区别、将军与士兵的区别、执政与从政的区别，说到底是"道"与"术"之别。具体而言：

执教者，大先生也。在中华传统文化中，"大先生"，通常指称德高望重、学识渊博的长辈。民国时期，人们曾称鲁迅为"大先生"，指他有大学问、大智慧、大情怀、大本事。2016年12月，在全国高校思想政治工作会议上，习近平总书记借用"大先生"这个概念，提出教师要成为塑造学生品格、品行、品味的"大先生"。2021年4月，习近平总书记在清华大学考察时提出："教师要成为大先生，做学生为学、为事、为人的示范，促进学生成长为全面发展的人。"2022年4月25日，习近平总书记在中国人民大学考察时再次强调："老师应该有言为士则、行为世范的自觉，不断提高自身道德修养，以模范行为影响和带动学生，做学生为学、为事、为人的大先生，成为被社会尊重的楷模，成为世人效法的榜样。"习近平总书记的论语精辟揭示了"大先生"的文化内涵和精神境界。我们之所以称陈光中教授为"大先生"，正是基于习近平总书记赋予"大先生"的标准。

执教者，大教育家也。一个人遇到一个好老师是个人的幸运，一所学校遇到一个好校长是全体师生的幸运，一门学科遇到一个深谙教育规律、敢于守正创新的人民教育家是学科的幸运。这3个幸运我们都拥有了，正是陈光中大先生给我们带来了整整一个时代的幸运。在座的每个人有今天，中国政法大学有今天，中国法学有今天，正是由于陈光中先生作为名师、大师、人民教育家的贡献，他的贡献必将载入中国法学史册。

---

* 中国法学会学术委员会主任。

执教者，大思想家也。大先生崇高的人格魅力与时代的伟大实践相结合，便放射出耀眼夺目的思想光辉。古往今来的执教者，从孔子，到朱熹，到严复等，都是大思想家，正是他们的思想感染了一代又一代学子、影响了一代又一代君臣，传承了一代又一代的民族精神。陈光中先生就是这样一位大思想家，他关于中华优秀法律文化特别是司法文化的重要论述、关于法治现代化的基础理论、关于人权法治保障的系统理论、关于诉讼、诉讼制度的创新理论、关于中国司法改革的务实理论、关于中国特色世界一流的法学体系的深刻见解等，对中国法治和中国法学、对中国人权法治保障、对公正高效权威的社会主义司法制度建设、对中国司法文明进步、对中国特色法学体系建构、对中国法治理论的国际话语权和影响力，均产生了重大推动和深远影响。

执教者，大导师也！大先生胸怀天下的人民情怀不仅推动了法学的划时代进步，也深刻撼动了每个人的灵魂。大导师，意味着不仅是"经师"更为"人师"，是"经师"与"人师"的有机集合。陈光中先生就是这样一位大导师。在他身上鲜明地体现出"学高为师、身正为范"的人格魅力，"言为士则、行为世范"的人生境界，"言传身教、知行合一"的美德风范，"求真尚善、尊法明德"的崇高信念，"自强不息、与时俱进"的奋斗精神。

尊敬的陈先生，各位老师、同学，陈先生于我，可谓亦师亦友。我是1986年认识陈先生的，转眼已36个春秋。我记得，我们和王家福先生共同担任过国家社科基金法学规划评审组召集人，进入新世纪以来，我们共同担任教育部社会科学委员会法学学部召集人至今，2013年我们在中国政法大学、吉林大学、武汉大学支持下，一起创办了国家司法文明协同创新中心，陈先生担任学术委员会主任，我担任理事长和联席主任，我们志同道合，致力于协同推进中国司法文明进步，建设更高水平的社会主义司法文明。一路走来，跟进陈先生前行，陈先生的为人为学为国为民的精神深刻感染了我、影响了我。这种特殊背景和经历使我从陈先生那里学到了弥足珍贵的组织协调、管理服务的知识和能力。我今天要说的还有很多，要表达的更不限上述所言。但时间关系，就讲这些。

最后，祝陈先生身体健康，生活美好，全家幸福！

新年快到了，也祝各位嘉宾、各位同事、各位同学新年快乐、身体健康！谢谢！

高憬宏[*]

谨记先生之教诲，矢志不渝为人民司法事业、法治中国建设贡献智慧和力量

——在"陈光中教授执教理念与实践研讨会暨
陈光中教授执教七十周年座谈会"上的致辞

尊敬的陈光中先生、各位领导、各位专家学者：

大家下午好！很荣幸受邀参加陈光中教授执教理念与实践研讨会暨陈光中教授执教七十周年座谈会。这次会议不仅是对先生七十载执教理念与实践的回顾与总结，而且对于推动我国刑事诉讼法治建设和刑事诉讼法学事业的蓬勃发展具有重要意义。正值全党、全国上下深入学习党的二十大精神之际，我们迎来了我国著名法学家、法学教育家、中国政法大学终身教授、中国刑事诉讼法学会名誉会长陈光中先生执教七十周年，在此我谨代表最高人民法院向陈光中先生致以热烈的祝贺和崇高的敬意。

陈光中先生是中华人民共和国刑事诉讼法学的重要奠基人，也是中国特色社会主义法学的先驱者、开拓者，是德高望重、深受尊敬和爱戴的法学泰斗。七十年来，先生培桃育李、笔耕不辍、博学精深、大师风范，为我国刑事诉讼法学建设、刑事司法改革和高级法学人才培养做出了卓越的贡献。先生一直十分关心、支持人民司法事业发展，1999 年担任最高人民法院首批特邀咨询员，2016 年担任最高人民法院司法案例研究院专家委员会主任，围绕审判执行、司法解释、司法改革、疑难案件研究等，积极建言献策，对人民法院工作提出过一系列真知灼见，有力促进了我国刑事诉讼制度的完善和审判工作的发展。在我担任最高人民法院刑事审判三庭庭长、天津市高级人民法院院长期间，先生还为两个证据规定的制定和司法标准化工作提供了重要的指导，我们受益良多、不胜感激、充满敬意。

党的十八大以来，人民法院坚持以习近平新时代中国特色社会主义思想为指导，深入贯彻习近平法治思想，刑事司法事业取得新进展。一是持续深化以审判为中心的刑事诉讼制度改革。坚持罪刑法定、证据裁判、疑罪从无原则，深入推进庭审实质化，全面试行庭前会议、排除非法证据、法庭调查三项规程。坚持严格公正司法，不断强化人权司法保障，共依法宣告 5264 名公诉案件被告人和 3751 名自诉案件被告人无罪。坚决防范和纠正冤假错案，依法纠正重大刑事冤错案件 65 件、129 人。健全认罪认罚从宽制度，完善刑事速裁程序，深入推进量刑规范化改革。二是会同有关部门稳步推进刑事案件律师辩护全覆

---

[*]　最高人民法院副院长。

盖试点。自 2017 年以来，全国 90% 以上的县开展了试点，律师辩护率和值班律师帮助率达 80% 以上，有的地方普通程序的律师辩护率从 25% 提升到 99%，每年有几十万件刑事案件的被告人获得了国家提供的法律援助。三是不断完善死刑复核程序。今年是死刑复核制度改革 15 周年，15 年来为切实贯彻、执行党和国家的死刑政策，确保死刑案件的办案质量，人民法院不断完善死刑复核的制度机制，对死缓案件二审全部实行开庭审理。从今年开始，对于申请法律援助的死刑复核案件被告人，最高人民法院依法通知司法部法律援助中心指派律师提供辩护。2019 年刑事诉讼法年会上，陈光中先生提出的"打通死刑复核案件最后一公里"的愿望已经实现。四是全面加强未成年人刑事司法保护。最高人民法院设立 6 个少年法庭巡回审判点，全国法院共设立少年法庭 2181 个，员额法官 6025 人。今年 9 月，最高人民法院召开全国第 7 次少年法庭工作会议，就全面推动新时代少年法庭工作高质量发展作出进一步部署。五是刑事审判指导持续加强。最高人民法院出台刑事司法解释和规范性文件 170 件，发布刑事指导性案例 29 件，及时解决审判实践中的突出问题，统一法律适用标准和政策把握尺度。人民法院刑事审判工作取得的成绩离不开刑事诉讼法学界的理论贡献，离不开各有关方面的大力支持。借此机会，我代表最高人民法院向陈光中先生、向各位领导和专家学者表示衷心感谢！七十载栉风沐雨，秉学人之高格，务法律之真实。陈光中先生的松柏高格与大师风范曾经感动着、激励着、指引着一批又一批法律人。我们将谨记先生之教诲、矢志不渝为新时代社会主义法治建设贡献智慧和力量。

最后，预祝会议圆满成功！敬祝陈光中先生福寿安康、阖家幸福，学术之树常青！

熊选国*

法学大家，育人楷模
——在"陈光中教授执教理念与实践研讨会暨 陈光中教授执教七十周年座谈会"上的致辞

尊敬的陈光中教授，各位领导，各位专家：

很高兴受邀参加今天的座谈会，与大家一起回首陈先生七十年不平凡的执教历程，研讨先生的执教理念和丰硕成果，学习先生为人治学的崇高境界，共同表达对先生的美好祝愿。

陈光中教授1952年毕业于北京大学法律系，毕业后留校，在高校院系调整时转入北京政法学院也就是现在的中国政法大学任教，迄今已七十余年。先生专注于教书育人，作为中华人民共和国第一位诉讼法学博士生导师，先后培养了一百多位博士和博士后，大多都成为法学理论和实务界的业务骨干；先生潜心于学术研究，著书立说、笔耕不辍，出版了几十本专著、教科书，发表了几百篇学术价值很高的论文，提出的"打击犯罪与保障人权相结合""实体正义与程序正义并重"等理念已经成为刑事诉讼学界的普遍共识；先生致力于推动立法，作为专家负责人牵头主持和参与多部法律的制定工作，特别是1996年《中华人民共和国刑事诉讼法》的修正，凝聚了先生大量心血，促进了整个刑事司法工作的改革发展。更为难能可贵的是，先生虽然九十多岁高龄了，但学术研究的脚步从未停止，近年来每年都发表多篇论文，研究视野紧跟时代发展变革、紧盯社会热点问题，具有很强的理论和实践指导意义；教书育人的脚步从未停止，我了解到，中国政法大学刑事诉讼法学博士专业课第一讲先生都亲自到课堂给博士生们授课，讲学术理念、讲研究方法、讲治学之道，谆谆教诲、情真意切，深得学生们爱戴和尊重。先生学风宽容、为人谦逊、治学严谨，可以说，先生以自己的为人治学经历诠释了什么是好学者、好教授，是当之无愧的中华人民共和国刑事诉讼法学的重要奠基人，是法学大家也是法学教育家，为刑事诉讼法学发展和刑事司法文明进步做出了重要贡献。

特别有感触的一点是，司法行政工作的改革发展许多也都凝聚着陈光中教授的心血。比如律师制度，如何看待律师在刑事诉讼活动中的地位和作用，什么阶段允许律师介入辩护，应当赋予律师什么样的诉讼权利，等等，最初认识还是分歧比较大的，光中先生的研究和坚持对促进各方形成共识起到了很大作用。再比如法律援助制度，在《中华人民共和国法律援助法》（以下简称《法律援助法》）研究制定过程中，先生多次撰文就刑事辩护

---

* 司法部党组成员、副部长。

法律援助全覆盖、《中华人民共和国法律援助法（草案）》等提出研究观点，坚定主张逐步扩大法律援助范围、提升法律援助质量等，对《法律援助法》的出台起到了很好的指导促进作用。目前，司法部正在会同有关政法部门着力推进的一些改革，也是在工作实务层面实践先生的一些思想理念，比如，我们正在与最高检、最高法、公安部一道，研究进一步加强律师执业权利保障工作，探索建立律师向办案机关反映问题的机制，就是为了让律师在刑事诉讼活动中更好地发挥保障人权职能作用；再比如，我们与有关部门共同深化刑事案件律师辩护全覆盖和值班律师等工作，逐步把刑事案件律师辩护全覆盖从审判阶段向审查起诉阶段延伸，不断扩大律师辩护覆盖面、提升辩护有效性，让值班律师更好发挥实质帮助作用，就是为了更加充分地彰显法治文明；等等。也希望先生继续予以关注和支持。

"伏生九旬传经学，法治前行终生求。"这是先生自己的诗，也是先生毕生追求的自画像。最后，我代表司法部衷心祝愿陈光中教授身体健康，为全面依法治国、推进国家法治建设事业再做新贡献、再创新佳绩！

胡云腾[*]

风雨兼程七十年，七十年后正当年
——在"陈光中教授执教理念与实践研讨会暨
陈光中教授执教七十周年座谈会"上的致辞

尊敬的陈光中先生，各位领导、各位专家，老师们、同学们：

大家下午好！今天大家隆重集会，庆贺我们十分尊敬的陈光中先生执教70周年，这是一个大喜大庆的日子。看到90多岁高龄的陈先生身体健康、精神矍铄，目睹陈门兴旺发达的盛况，非常高兴。听了前面的领导和专家发表的热情洋溢的讲话和致辞，我也心有同感，深受教育。作为一个法律人，虽然不是陈门弟子，但可以算得上是陈先生的一个忘年交。我们无不发自内心地敬仰陈先生对我国法治建设做出的卓越贡献，发自内心地敬佩陈先生在我国法治教育和法治人才培养方面取得的卓越成就。陈先生德高望重，著述等身，是法学法律界备受尊重的著名法学家和法学教育家。我们庆贺陈先生执教七十周年，传承陈先生的高尚情怀和大师风范，就是要学习陈先生七十年来不畏艰难地推动国家法治进步，专心致志地教书育人培养人才，不知疲倦地开展法学理论创新的奋斗精神，不知老、不服老、活到老、学到老、工作到老、奋斗到老的奉献精神。尤其是陈先生对我国刑事法治建设事业做出的突出贡献，对推动司法人权保障进步所做的巨大贡献、对通过司法审判实现社会公平正义的不懈追求，已经成为历史的丰碑，为年轻一代学人树立了光辉榜样和人生楷模。

古人云，人活七十古来稀，说明七十年是比较漫长的岁月。而陈先生能够实实在在地执教七十年，并且还要继续执教下去，这是过去、现在和今后都很少有人能够企及的成就，令我们这些晚生后辈自愧弗如。陈先生执教的七十年，正是我们这个文明古国发生沧桑巨变的七十年，是陈先生为党的教育事业鞠躬尽瘁的七十年，是他辛勤为国家培养法治人才并建功立业的七十年，是他为法治中国建设不懈奋斗的七十年，更是他为中国法学繁荣发展贡献智慧的七十年。七十年教书育人的初心不改，七十年前做出的选择无怨无悔。中华人民共和国新社会成就了陈光中先生，陈光中先生也以他的奋斗和成就惊艳了他所生活的时代。

作为中国法学会案例法学研究会的负责人，我还要特别致敬陈光中先生对于案例法治和案例法学研究的突出贡献。陈先生高度关注案例中反映出来的法治问题，高度关注备受关注的刑事案件的公正处理问题，不遗余力地推动一些重大冤假错案的纠正工作，敢于为

---

[*] 最高人民法院审判委员会原副部级专职委员。

蒙冤的当事人鼓与呼，是很多当事人、律师和司法人员的良师益友。我在纪念陈光中先生90 华诞的小文中，曾经讲过陈先生在我们第二巡回法庭再审聂树斌案的过程中给予的大力支持和有力帮助，为纠正聂案贡献了自己的智慧和力量，当时的一些场景至今难以忘怀。借此机会，我想代表中国法学会案例法学研究会的全体同仁，向陈光中先生表示最崇高的敬意和最良好的祝愿，祝愿陈先生健康长寿、学术长青、家庭幸福！同时也衷心祝福陈门人才学问更加兴旺发达，也衷心感谢陈光中先生几十年来对我的亲切教诲和对我工作的关心支持！2023 年即将来临，在此提前祝福陈光中先生及全家新年吉祥、阖府安康！并祝今天参会的所有同仁，元旦快乐、万事如意！谢谢大家！

敬大力*

致敬中国刑事诉讼法学的开拓者和奠基人陈光中先生
——在"陈光中教授执教理念与实践研讨会暨
陈光中教授执教七十周年座谈会"上的致辞

尊敬的陈光中先生，各位领导，各位老师，先生的各位弟子：

大家上午好！

今天我们在这里举办陈光中教授执教理念与实践研讨会暨陈光中教授执教七十周年座谈会，我谨代表中国刑事诉讼法学研究会并以我个人的名义，向陈先生表示崇高的敬意和衷心的祝贺。

陈先生是我国著名法学家、法学教育家，是中华人民共和国刑事诉讼法学的开拓者、奠基人。陈先生七十年的执教生涯与中国的法治建设和法学教育事业发展历程密切相关，我们从陈先生身上看到了老一辈学者的风范，是我们刑事诉讼法学学人永远的榜样。

——深耕学术，成就卓著。在七十年执教生涯中，陈先生一直崇尚科学，追求真理，倡导学术争鸣，不仅重视刑事诉讼法学基本理论的探索，而且注重理论联系实际，至今共出版学术专著45本，教科书18本，发表了300余篇学术论文，是法学界少有的"高龄高产学者"。陈先生在诉讼法学领域进行了大量卓有成效的研究。他提出"打击犯罪与保障人权相结合""实体正义与程序正义并重""客观真实与法律真实相平衡"等刑事诉讼基本理念，对学术研究和司法实践具有重要指导意义，并得到中央有关司法改革文件的确认。陈先生一直倡导学以致用，曾多次参与立法活动，其中最为突出的是他在1993年接受全国人大常委会法工委的委托，主持草拟了《中华人民共和国刑事诉讼法〈修改建议稿〉》。该《修改建议稿》的导向作用明显，大部分内容被1996年修正的《中华人民共和国刑事诉讼法》采纳，为我国刑事诉讼法的完善做出了突出贡献。

——辛勤育才，师德无量。在培育人才方面，陈先生始终坚持"博而后精、贵在创新、学以致用、文以载道"的教学理念。他从1979年开始担任硕士研究生导师，1986年成为国务院学位委员会批准的全国第一位诉讼法学博士研究生导师，2001年被中国政法大学聘为终身教授。陈先生杏坛执鞭70载，其渊博的知识、精湛的学识、丰富的教学经验使无数学子受益匪浅。迄今为止，他已经培养了113位博士研究生，10位博士后以及16位硕士研究生。他的学生遍及教学科研部门和政法实务部门，有的已经成为知名学者，有的成为高级领导干部，许多人成为了业务骨干，真可谓桃李满天下，高足成栋梁。陈先生

* 中国刑事诉讼法学研究会会长。

提携后辈，不遗余力。2002 年，他主持成立了"陈光中诉讼法学奖学基金"，该基金旨在奖励学业优秀、科研突出的硕士研究生、博士研究生、博士后。我最近得知。为进一步促进诉讼法学青年学子的成长，在基金捐赠规模已经得到较大幅度扩充的情况下，陈先生又以个人名义向基金追加捐赠了 500 万元。近 20 年来，许多曾获"陈光中诉讼法学奖学金"奖励的诉讼法学青年学子茁壮成长，有的已经成长为诉讼法学研究的中坚力量。同时，为了报答家乡的哺育之恩，陈先生在他的家乡浙江省永嘉县成立了"永嘉县陈光中教育基金会"，旨在促进基层中小学教育事业的发展。

——促进交流，蜚声海外。陈先生倡导法学研究要及时了解世界发展趋势，并主张在吸收外国先进经验的同时考虑法学的中国特色。促进我国诉讼法学科的不断创新、发展。为此，他一直倡导开展比较刑事诉讼法学研究。

1988 年，他主编了《外国刑事诉讼程序比较研究》一书，这是中华人民共和国第一部研究国外刑事诉讼程序的专著；之后，组织翻译出版了法国、德国、意大利、美国、加拿大、俄罗斯、日本等 8 个国家的刑事诉讼法法典或诉讼规则和证据规则，并最早研究《公民权利与政治权利国际公约》在我国刑事诉讼中的适用问题，为我国立法、司法部门和理论界了解外国刑事诉讼法制提供了丰富的文献资料。同时，陈先生十分重视开展国际学术交流与合作活动，他曾亲自带队到法、德、美、英、日等国家考察，了解这些国家的刑事司法制度及最新动态。他还多次组织刑事法律方面的国际研讨会，对于促进外国专家了解我国刑事诉讼法制有非常大的帮助。陈先生于 1992 年率领大陆法学家 11 人赴中国台北参加海峡两岸法学学术交流会。这是首次赴中国台湾交流学习，被称为"破冰之旅"，在中国台湾引起了轰动性的反响，开启了两岸法学交流的先河。

——创立学会，影响深远。陈先生于 1984 年在四川成都召开的第一届诉讼法学年会上被选为研究会的总干事（从第四届起改称会长）。从那时起，他共担任 22 年诉讼法学研究会会长。2006 年 9 月，经中国法学会批准，中国法学会诉讼法学研究会改制分别成立刑事诉讼法学研究会和民事诉讼法学研究会，陈先生受聘担任刑事诉讼法学研究会名誉会长，继续关心和支持研究会的工作，并为研究会的发展建言献策。陈先生在担任诉讼法学研究会会长的 22 年中，每年都亲自组织并参加年会，参与学术交流。他创制了研究会的年会模式，每年设置年会主题，出版年会论文集，并先后组织开展了一系列刑事诉讼法学重大理论问题的研究工作，为我国刑事诉讼法治建设提供了重要智力支持。陈先生一直强调，诉讼法学研究要以中国问题为导向，致力于解决中国问题。这为研究会把握了正确发展方向，也是中国刑事诉讼法学研究会全体同仁多年来能够为国家法治建设发挥积极作用的主要原因。陈先生一贯鼓励学术上百花齐放、百家争鸣，提倡学术要海纳百川，并以身作则，为研究会全体同仁树立了榜样。研究会在他和其他副会长的共同领导下，团结互助，营造了良好的学术氛围，吸纳了一大批优秀的刑事诉讼法学者，为促进刑事诉讼法学的繁荣发展起到了重要作用。在研究会建设中，陈先生始终强调培养青年刑事诉讼法学者的重要性。在他担任研究会会长期间，研究会营造了促进青年学者茁壮成长的氛围，并创立了"诉讼法学中青年优秀科研成果奖"，一大批青年才俊相继脱颖而出，有的已经成长为诉讼法学界的中坚力量。

陈先生在学术研究、人才培养、国际交流、学会建设等方面的功德和建树，值得赞颂，应当感激。更为重要的是，这些方面给我们后人继续奋斗奠定了坚实的基础，提供了良好的条件，也树立了学习的榜样。中国刑事诉讼法学研究会的工作一直得到先前的老会长，后来的名誉会长陈先生的关心和支持。早在学生时代，我就拜读过陈先生的著述，后来在最高人民检察院、湖北省人民检察院和北京市人民检察院工作期间，在各种场合我也同陈先生有一些接触，领略过陈先生在参与立法活动、研究司法工作和开展学术研究中的风采。我接手研究会工作以后，陈先生曾主动找到我表示关心，我也曾上门求教，陈先生给以指点并谦逊以待，还签名赠书。在最近召开的中国刑事诉讼法学研究会第三次会员大会暨 2022 年学术年会上，陈先生不顾年迈和疫情，亲临现场参会，并发表了热情洋溢且专业精深的致辞，表达了对研究会工作的关心和支持，提出了对今后工作的希望和祝愿。我们深受感动也深得教益。我们将根据这次会员大会的部署要求，按照陈先生提出的希望，继续做好研究会工作，把老一代刑诉法学者开创的事业继续向前推进，使之不断发扬光大。

最后，衷心祝愿陈先生老当益壮、健康长寿、平安顺遂、幸福康泰！

马怀德*

致敬大先生

——在"陈光中教授执教理念与实践研讨会暨
陈光中教授执教七十周年座谈会"上的致辞

尊敬的陈光中先生和师母，各位领导，各位专家，各位学友：

大家下午好！今天我们线上举办"陈光中教授执教七十周年座谈会"。首先，请允许我代表先生执教服务70载的中国政法大学，向先生致以崇高的敬意和衷心的感谢！感谢您为中国政法大学70年如一日的辛勤付出和做出的杰出贡献。同时，我作为追随先生32年的一名学生，向老师的倾心培养和悉心指导表示最衷心的感谢。今天，各位陈先生的亲朋好友和学生，在疫情相当严峻的时候，能够拨冗出席今天的线上座谈会，也充分说明大家对座谈会的高度重视和对陈先生的无比敬仰和尊重，我代表学校，衷心感谢与会的各位领导和嘉宾。

在中国政法大学，被尊为先生的不超过3人。从20世纪90年代，我们一直这样称呼陈先生，这也从一个侧面说明了先生在广大师生校友和同行心中的崇高地位。陈先生是一位具有独特人格魅力的教育家，是享有崇高学术威望的学界领袖，是身体力行的法治推动者，还是勤勉务实的学术领导者。

陈先生是立德树人、言传身教的典范。他循循善诱春风化雨，能够激发学生的学习动力，帮助学生树立远大学术理想。30年前，我刚入门时，先生就鼓励我不仅要有学术志向，而且要立志做大学问。虽然本人也未能如老师所愿做成大学问，但是，这句鼓励是我30年不断前行的动力之源。当时，学校并没有博士生实习的要求，但是，先生推荐我去北京市海淀区人民法院实习了一整年，收获良多。可以说，他因材施教，注重发掘学生潜能，鼓励学生钻研学术的教育理念和教育方式，至今对我们从事法学教育的每个人都有借鉴意义。

陈先生是杰出的学术大家，在学界享有崇高威望。他20世纪50年代初毕业于北京大学法律系，有非常扎实的学术训练和功底。可以说，在这辈学者中，先生是少有的博古通今学贯中西的学术大家。从事多年法制史研究的学术经历，让陈先生醉心于中国古代司法制度史研究，前年还再版了学术专著。他对新生事物和学术前沿问题始终保持着浓厚的兴趣和热情，他的思想从来都是开放的，与时俱进、不断创新。这就是他能够在20世纪主持刑事诉讼法修改，近年来持续关注司法改革实践的原因，更是在年近九旬，仍能致力于

---

* 陈光中教授指导的1990级博士研究生，中国政法大学校长、教授。

监察法研究，并为监察体制改革鼓与呼的缘由。

陈先生是积极投身立法司法实践，推动法治进步的社会活动家。先生长期担任最高院特邀咨询员、最高检专家咨询委员会委员等社会职务，积极建言献策，投身法治实践，推动法治文明进步。无论是刑事诉讼法修改、司法改革，司法责任制推行，还是平反冤错案件、深化监察体制改革，都有陈先生活跃的身影。他主张实体与程序公正并重，惩治腐败与人权保障结合，推动刑事诉讼法再度修改等观点都产生了广泛影响。可以说，他从来没有停止过深度思考，没有停止过对法治实践的积极参与。他是我国法治进步的推动者，参与者和贡献者。

陈先生是一位卓越的学术领导者。在担任中国政法大学校长、中国法学会副会长、刑诉法研究会会长、教育部社会科学学部法学学科组召集人、司法文明协同创新中心学术委员会主任、诉讼法研究基地主任等职务时，都表现出卓越的领导能力和协调能力。他是海峡两岸法学学术交流的破冰人，是刑诉法学科中外学术交流的领航者，与国际上很多杰出学者保持着密切的互动交流，今天线上参会的纽约大学柯恩教授就是陈先生多年好友，像这样的国际友人还很多。

陈先生还是一位有情怀、有担当、有仁爱之心的长者。20年前设立"陈光中诉讼法学奖学金"，奖掖后学、鼓励晚辈，今天再度为奖学金基金捐赠500万元，同时，又捐资300万元设立"永嘉县陈光中教育基金会"造福桑梓。这是何等的胸怀和格局，对广大学子是极大的鼓励和鞭策。

可以说，陈先生立德树人的师道传承，严谨求实的踏实学风、勇于创新的开拓精神，忠诚担当的至臻情怀，都是我们学习的榜样。我们今天举办座谈会，就是要总结陈先生执教70年的宝贵经验，学习陈先生的优秀品格，为繁荣诉讼法学术研究，推动法学学科建设、培养优秀法治人才做出新的贡献。

最后，祝先生和师母健康长寿，祝先生学术之树长青。

谢谢大家。

单位贺信

西北政法大学

西 北 政 法 大 学

贺　信

中国政法大学:

　　值此陈光中先生执教七十周年之际,西北政法大学谨向陈光中先生表示衷心的祝贺和诚挚的祝福!

　　栉风沐雨,峥嵘岁月。陈光中先生是新中国刑事诉讼法的重要奠基人,也是新中国社会主义法学的重要开拓者。陈光中先生所提出的一系列刑事诉讼法学和证据法学观点,拓展了两个学科的研究深度和研究广度,将我国刑事诉讼法学、证据法学的理论水平提升到了更高层次,为司法制度的改革和我国刑事诉讼法学的发展作出了卓越贡献,被誉为有国际影响的中国法学家。

　　弦歌励耘,桃李芳菲。执教的七十年里,陈光中先生为新中国法学界培养了一大批优秀的法学人才,如今他们已经成为法学理论界与实务界的中坚力量。

　　春风化雨,立德树人。陈光中先生一直关心西北政法大学的发展,特别关照和提携刑事诉讼法学科的中青年教师。陈光中先生曾多次来到西北政法大学为师生传经讲道、授业解惑,全校师生均对陈光中先生霁月光风的胸怀、雄浑醇厚的气象和高远超迈的格局表示由衷的钦敬!

　　值此陈光中先生执教七十周年之际,谨祝陈光中先生身体康健,阖家幸福,学术之树常青!

西北政法大学

2022 年 6 月 26 日

湘潭大学

湘 潭 大 学

贺 信

中国政法大学诉讼法学研究院:

　　欣悉我国著名法学家、法学教育家、中国政法大学终身教授陈光中先生即将迎来执教七十周年,谨向先生致以诚挚问候和美好祝福!

　　先生是国内外公认的诉讼法学泰斗,从教与治学逾七十载,成就斐然,德高望重,奖掖学子,誉满学林,为我国诉讼法学研究和法治建设做出了卓越贡献。先生长期关心和支持我校法学学科建设,尤其是对我校诉讼法学科的发展贡献巨大,特此表示衷心感谢!

　　敬祝先生身体安康,福寿绵长!

湘潭大学

2022 年 12 月 12 日

吉林大学法学院

吉 林 大 学 法 学 院

贺　信

中国政法大学:

值此著名法学家陈光中先生执教七十周年之际,吉林大学法学院谨向贵校及陈光中先生致以衷心祝贺和诚挚敬意!

作为中国法学教育和理论研究的擎旗者,执教七十年来,先生培桃育李,润物无声,以厚重的学养和温淳的涵养,为国家培养输送了大批优秀法治人才;笔耕不辍,著作等身,以开阔的眼力和千钧的笔力,奉献出诸多经典而前沿的学术思想。先生积极倡导"无罪推定"等理念入法,强调刑事司法的人权保障价值,彰显了学者的风骨与担当。暮年以来,先生仍老骥伏枥,壮心不已,不断产出紧扣时代脉搏的宏篇巨作,实为学界后辈之楷模!

先生一直关心和支持吉林大学法学院发展建设,多次亲自到学院讲学授业、解惑答疑,将深邃的哲理光芒播撒在祖国北疆。先生提携后学,关爱晚辈,吉林大学诉讼法专业研究生先后多次获得"陈光中诉讼法学奖学金""陈光中诉讼法学优秀学位论文"等荣誉,极大鼓舞了吉大青年学子攀登学术高峰的信心与勇气!

真诚祝愿先生身体健康,学术常青,继续产出高水平的学术成果,领军法学界为繁荣哲学社会科学、建设法治中国作出更大的贡献!

敬贺先生学思无界、福寿无疆!

吉林大学法学院

二〇二三年十二月五日

对外经济贸易大学法学院

贺　信

中国政法大学：

　　值此陈光中先生执教七十周年之际，对外经济贸易大学法学院谨向陈光中先生致以热烈的祝贺和崇高的敬意！

　　陈先生是我国著名的法学家和法学教育家，是新中国诉讼法学奠基人之一，是刑事诉讼法学泰斗。执教七十年来，先生心系国家立法，倡导尊重和保障人权。为推动刑事诉讼立法的民主化和科学化，先生可谓鞠躬尽瘁，功勋卓著，蜚声海内外。先生著书立说，笔耕不辍，著作等身，形成了独具一格的学术思想和理论体系。先生长期领导中国法学会诉讼法学研究会的工作，为我国诉讼法学的学术繁荣和蓬勃发展作出了卓越贡献。

　　陈先生是我国第一位诉讼法学博士生导师，授业解惑，言传身教，吐辞为经、举足为法。迄今为止，先生直接指导的博士研究生、论文博士生和博士后已达100多人，其中有的已成为教授、知名中青年学者，有的已成为政法部门的重要骨干，有的活跃于国内外律师界，可谓桃李满天下，学子成栋梁。

　　陈先生一直以来非常关心和支持对外经济贸易大学法学院的发展，与我院创始人沈达明教授、冯大同教授、沈四宝教授有着良好的个人友谊。先生孜孜以求的治学精神，实事求是的科学态度，淡泊名利的崇高品格，奖掖后学的育人精神，令我院全体师生由衷地钦佩和敬仰。受先生言传身教之影响，先生培养的两名弟子已成为我院诉讼法学的学科带头人和骨干教师，为我院诉讼法学学科发展和人才培养作出了重大贡献。

　　全体贸法人衷心祝愿陈先生健康长寿，福乐绵长，阖家幸福！

对外经济贸易大学　法学院

2022 年 7 月

江西师范大学政法学院

江西师范大学政法学院

College of Political Science and Law of JXNU

陈光中先生执教七十周年贺信

尊敬的陈光中先生：

　　值此先生执教七十周年之际，江西师范大学政法学院谨向您致以最诚挚的祝福和衷心的祝愿！

　　先生是全国杰出资深法学家，我国刑事诉讼法学的开拓者和重要奠基人，长期致力于刑事诉讼法学、证据法学、中国司法制度和国际刑事人权法的研究。数十年来为推动我国刑事诉讼法学的不断进步、法学学科建设的繁荣、法学科研实力的提升和法学国际影响力的增强做出了杰出贡献。

　　先生崇尚科学、追求真理，是民主法治建设与司法体制改革的先驱者，弘扬理论联系实际的学风，倡导学以致用，致力于推进国家法治的民主化和科学化。

　　先生执鞭杏坛七十载，培养博士、博士后百余人，提携后辈，不余遗力。我校王满生教授也有幸得到先生的点拨与提携。先生还成立了"陈光中诉讼法学奖学金基金会"，为国家法治事业人才培养做出了杰出贡献。

　　衷心祝愿先生健康长寿，学术思想长青！

江西师范大学政法学院

2022年11月7日

《法律适用》编辑部

传道授业育英才　著书建言昌法治

恭贺陈光中先生执教七十周年

尊敬的陈光中先生：

春秋迭易，岁月轮回。中国政法大学建校 70 周年之际，欣闻"陈光中教授执教理念与实践研讨会暨陈光中教授执教七十周年庆典"隆重举行，《法律适用》编辑部全体人员向您致以最热烈的祝贺和最崇高的敬意！

自 1952 年从教以来，作为著名的法学教育家，您七十年如一日坚持授业解惑，乐此不疲，为法治中国建设培养了大量优秀的人才；作为学界泰斗，您严谨治学，笔耕不辍，形成了独具风格的学术思想和理论体系，至今仍活跃在诉讼法学前沿，在许多重大学术问题上留下了高屋建瓴的学术成果；作为新中国刑事诉讼法学的开拓者和重要的奠基者，您在推动司法人权保障进程中不遗余力，积极主张疑罪从无、尊重和保障人权等内容入法，为我国刑事诉讼法的修改做出了突出贡献，为法治中国建设鞠躬尽瘁！

多年来，您始终关注人民法院工作，支持和关心《法律适用》的发展，我们的感激之情无以言表！值此盛会，《法律适用》编辑部特制作《庆祝陈光中教授执教七十周年专刊》，来表达对您的敬仰、感激与祝贺！祝您生命之水长流，学术之树常青！

《法律适用》编辑部
2022 年 11 月 16 日

北京市中闻律师事务所

中国律师事务所
Zhong Wen Law Firm

北京｜上海｜深圳｜海口｜郑州｜南宁｜西安｜济南
合肥｜银川｜杭州｜长沙｜天津｜武汉｜香港｜新西兰

贺信

中国政法大学：

欣闻陈光中先生执教七十周年，值此之际，北京市中闻律师事务所谨向陈光中先生表示热烈的祝贺，对您为我国法学事业所做出的重要贡献表示崇高的敬意！

在70年的科研和教学生涯中，陈光中先生始终孜孜以求，奉献卓识才智，为发展我国刑事诉讼法学和刑事司法制度做出了卓越的贡献。您笔耕不辍，著述丰硕，是我国刑事诉讼法学的重要奠基人；您治学严谨、崇尚科学，倡导刑事诉讼基础理论和比较法的研究，开启了刑事诉讼法学繁荣发展的新局面；您兢兢业业、教书育人，为国家培养了一大批优秀的栋梁之才。

桃李满天下，文章传后人。感谢陈光中先生培养了很多优秀的学生，北京市中闻律师事务所有很多中坚力量是来自中国政法大学的学子，为此我们深感荣幸。陈光中先生曾多次出席参加中闻为承办单位的中国影响性诉讼的评选活动，并给予很多宝贵意见和建议。中闻刑辩学院成立的时候也有幸请到您莅临指导、授课，给予中闻全体刑辩律师以莫大的鼓舞。

在这个喜庆的时刻，全体中闻人祝陈光中先生身体健康，阖家幸福，使命担当永不褪色。

北京市中闻律师事务所
2022 年 7 月　日

北京市东城区朝阳门北大街9号泓鹏国际中心2/3/5/23层，100010
2/3/5/23F, Hexa International Plaza, 9 Chaoyangmen North Avenue,
Dongcheng District, Beijing, 100010
电话: 86-10-51783535　Tel: 86-10-51783535

北京市两高律师事务所

贺 信

中国政法大学：

  欣逢陈光中先生授业七十周年，北京市两高律师事务所全体律师员工谨向陈光中先生表示诚挚的问候和热烈的祝贺，对陈光中先生为中国特色社会主义法治事业作出的卓越贡献表示由衷的钦佩！

  七十载传道授业，七十载桃李芬芳。执教 70 年来，陈光中先生深耕于刑事诉讼学术领域，为改革和健全中国刑事司法制度，加强刑事司法人权保障，开展国内外诉讼法学交流做出了卓越贡献。陈光中先生力主司法改革，提出公检法三机关分工配合制约；发展刑事证据制度，推广诉讼真实观、证据裁判原则、刑事证明理论；始终致力于刑事诉讼制度的构建和完善，倡导建立刑事赔偿制度、完善未成年人刑事程序、强化被告人和被害人的权利保障等。陈光中先生立足当代，贯通古今，融合新旧，兼顾中外，有力促进了我国刑事司法制度与国际刑事司法准则的衔接。

  鹤发银丝映日月，丹心热血沃新花。陈光中先生七十年的为师之道，传道、授业、解惑，为我国政界、学界、司法实务界等培养了大批优秀人才。两高律师事务所亦有诸多优秀人才来自于法大，有的更是先生的亲传弟子，对此，我们深感荣幸和光荣。同时，我们也衷心感谢先生曾亲临本所指导，帮助本所刑事辩护工作迈上新的台阶！

  高山仰止，景行行止，春风化雨，德泽八方。在这个重要的日子里，全体两高人祝陈光中先生日月昌明，松鹤长春，万事皆宜，桃李满园！

北京市汉衡律师事务所

贺　信

中国政法大学：

荷月生香，君子是效。欣逢陈光中先生执教七十周年之际，北京汉衡律师事务所谨向陈光中先生表示热烈的祝贺和崇高的敬意！

陈光中先生是中国刑事诉讼法领域的重要奠基者，是国内公认的刑事诉讼法领域第一人。先生力行不殆，为改革和健全中国刑事司法制度，加强刑事司法人权保障做出了卓越的贡献；先生笔耕不辍，著述等身，把中国刑事诉讼法的理论研究推向新的高度；先生包容海纳，倡导刑事诉讼法的比较研究，积极开展海内外诉讼法学交流，被誉为有影响力的世界级法学家。

桃李不言，下自成蹊。先生诲人不倦，一生致力于教书育人，英才满天下，春晖遍四方，为法律界培养了一大批优秀栋梁。北京汉衡律师事务所有多名律师来自中国政法大学，亦有先生的亲传弟子，都是德才兼备的骨干力量。先生笃行致远，十分关注法律实践事务，多次给予汉衡以指导和帮助，汉衡律师事务所全体同仁深受先生的感召和教诲。

高山仰止，景行行止，虽不能至，心向往之。汉衡律师事务所全体同仁衷心祝愿陈光中先生身体康健、福泽绵长、学术智慧无穷如天地，不竭如江河！

北京市汉衡律师事务所

2022 年 11 月 5 日

汉衡律师事务所
HAN Horizon Law Firm

地址：北京朝阳区东三环中路39号建外SOHO 8号楼31层　邮编：100022
电话：010-58691166　传真：010-58691736　电邮：HH3103@sina.com
Add：31st F.,Mansion 8,JIAN WAI SOHO,No.39 East 3rd Rd.,CHAO YANG Dist.,Beijing 100022
Tel：8610-58691166　　Fax:8610-58691736　　Email:HH3103@sina.com

永嘉县陈光中教育基金会

永嘉县陈光中教育基金会

贺　信

中国政法大学：

　　欣闻陈光中先生执教七十周年，值此之际，永嘉县陈光中教育基金会谨向陈光中先生表示最诚挚的祝福和最崇高的敬意！

　　采庶子之春华，忘家丞之秋实。陈光中先生奠新中国刑事诉讼法之根基，拓新中国社会主义法学之疆域，七十年来栉风沐雨，改革和健全我国刑事司法制度，开展国内外诉讼法学交流，培养了一批又一批法学高级人才，为诉讼法学界一代名师，世界级法学泰斗。

　　仁者心怀天下，然赤子之心从未走远。村内有泉，水白如玉，因得"白泉"一名。2011年陈光中先生回到阔别多年的母校白泉小学，题词勉励，创建陈光中教育基金，并极力倡导，带头捐赠，恩泽故里。十一年来，陈光中教育基金会积极开展奖教奖学活动，进一步夯实永嘉教育根基，为永嘉教育高质量发展添砖加瓦。

　　值此陈光中先生执教七十周年之际，谨祝陈光中先生身体健康，阖家幸福，法治千秋业，岁岁吐芳华！

永嘉县陈光中教育基金会
2022年7月3日

友人贺词贺文

［美］杰罗姆·珂恩[*]

在"陈光中教授执教理念与实践研讨会暨陈光中教授执教七十周年座谈会"上的致辞

我很高兴也很荣幸被邀请参与这一重要的庆典活动。陈光中教授在法学与法学教育领域的 70 年工作经历，在许多方面都硕果累累。他对法律制度中最具根本性的话题——"刑事司法"的研究与实践——做出了巨大的贡献。作为一名优秀的导师，他在过去几十年间鼓舞、指导了诸多年轻的教师、学者和实务工作人员。他不仅是一名优秀的教师，他本人还是一位卓越的学者，他出版了超过 50 本专著，发表了 200 余篇关于刑事司法与改革的论文。他还对塑造中国的刑事司法，特别是刑事诉讼法的立法产生了重要影响。此外，他的工作还对实务人员，包括检察官、法官、律师和司法工作人员产生了深远的影响。另外，有趣的是，他还在促使人们了解中国法制发展历史，尤其是刑事司法的历史演变方面做了大量工作。我特别感谢他为将比较法引入中国做出的努力，他做了很多工作来提醒人们其他国家的法律制度对中国的贡献以及与他国专家学者进行交流的重要性。我尤其感兴趣，他在刑事司法与国际公法交叉领域所作的研究。我记得他的专著，在中国签署加入联合国《公民权利与政治权利国际公约》方面所起的重要作用，这本书仍然值得一读。而且我也仍未放弃希望，中国有一天终将批准已签署的两权公约。陈教授不仅仅是一个独立的学者个体，他还是一个团队建设者。他不仅做了大量的工作，成立了刑事司法改革的研究机构，还致力于更广泛意义上的法学教育，我还记得他担任中国政法大学校长时的盛况。

我可以继续说下去，不过我知道还有其他人想要致辞。我只想说，那些想更多了解陈光中教授研究的人，特别是那些想通过英语了解的人。最近有一本由哈佛大学法学院图书馆 Long Jizhang 女士出版的新书《中华人民共和国的法学家及其学术观点》，其中有一部分很好地概括了陈光中教授对其所在领域所做的贡献。最后，我想说我由衷钦佩陈光中教授与外国专家学者合作，并向他们学习的远见卓识。他是我多年的知交好友，他总是对外国学者及其研究抱有开放的心态。当下正值中国与许多国家关系紧张的困难时期，我们必须保持学术交流合作的传统以取得持续的进步，国际合作比以往任何时候都更重要。陈光中教授为下一代作出了榜样，无论是什么国籍，我们都应当共同努力。我预祝你们的庆典获得圆满成功，我向我的老朋友陈光中教授致以热烈的祝贺。非常感谢给我这个致辞的机会！

---

[*] 美国纽约大学法学院教授。

崔　敏*

亦师亦友陈先生
——在"陈光中教授执教理念与实践
研讨会暨陈光中教授执教七十周年座谈会"上的发言

这是 2020 年 10 月 7 日看望陈先生时的合影

　　非常荣幸，迎来了陈光中教授执教七十周年庆典。两年多未见面了，本想到会与先生当面致贺。由于近日疫情猛然暴发，只好改为线上交流。我写了一份书面的发言稿，烦请会务组帮助展示、宣读。

　　陈先生是中国当代法学界的领军人物之一，是万人景仰的学术泰斗，他的声望和贡献，在诉讼法学界无人可以企及。我今年 84 岁，先生大我 8 岁，是我此生最敬重的一位尊长，我一直把陈先生当作自己的老师，先生对我的帮助很多，使我受益良多。

　　我与陈先生相识于 40 年前，当时党的十一届三中全会刚刚开过，提出了"健全社会主义民主和加强社会主义法制"和"对内搞活，对外开放"的方针，由于我俩都有希望国家能够走上"依法治国"的康庄大道这样的共识，后来的交往日渐增多，很快就形成了

　　* 中国人民公安大学教授。

亦师亦友的密切关系，相处十分融洽。

根据我对陈先生的接触和了解，我认为先生执教七十年的主要贡献，可以概括为 6 个方面：

第一，教书育人。传道授业解惑是教师的基本职责，陈先生执教 70 年，曾任中国政法大学校长，桃李满天下。仅由他亲自带出的博士研究生和博士后就达 120 余人，其中有许多高才生充实到教学、科研和司法实务部门，成为法治建设的领导和骨干。

第二，著书立说硕果累累。他主持了多项重大社科项目，出版了大量高水平学术专著，成为经典和样板，充分发挥了学科带头人的示范引领作用。

第三，发起和创建了诉讼法学研究会（1984 年，成都），连任五届会长，后任名誉会长至今，始终是研究会的掌门人，影响经久不衰，使刑诉法学研究会成为团结、奋进、朝气蓬勃的学术团体。

第四，积极参与立法研讨，为建立和健全诉讼法制建言献策（《中华人民共和国刑事诉讼法》1979 年制定颁布；1996 年修正，后又有多处修正）。他的建言，立足于加强对公权力的监督制约，保障当事人的合法权益，确保程序公正，最大限度避免冤假错案，他的大多数建议都被修改立法采纳，使我国的刑事诉讼法制渐趋完善。

第五，受最高人民法院和最高人民检察院的聘请，出任特邀咨询员，为司法改革献计献策，并参与了许多重大疑难案件的论证（譬如质疑"命案必破"）。

第六，积极开展国际交往和海峡两岸的学术交流。由他发起和主持，邀请多国学者来华，召开了多次国际学术研讨会，并组团到英、美、法、德、加等国实地考察，了解英美法系和大陆法系的实际运作情况。1995 年 10 月，陈先生还率团到访中国台湾，与中国台湾大学的蔡墩铭教授共同主持"海峡两岸刑事诉讼法学研讨会"，为促进两岸民间交流和融合做出了有益的贡献。

综上所述，陈先生不仅为国家培养了大量高素质人才，而且为建立健全中国的诉讼法制，为创建和推进新时代的诉讼法学研究，为推进司法改革和确保诉讼公正、为贯彻改革开放，增进国际学术交流和两岸交流融合，投入了全部的心血，做出了巨大贡献。先生坚持改革开放的方针，他思想活跃，工作勤奋，成就斐然。现已九十多岁高龄，仍然笔耕不辍，继续在撰写鸿篇巨著。他的最大优点是善于团结人，带出了一个优秀团队，为我们树立了一个好的榜样。他的好思想、好品德、好作风和深邃的理论功底与治学经验，是一座取之不尽的思想宝库，有待于我们继续发扬光大。我与陈先生在研究会共事多年，投入大量时间和精力，协助先生做许多具体工作，特别是编印了《刑事诉讼法学五十年》《中国法学会诉讼法学研究会历次年会综述汇编》《中国法学会诉讼法学研究会（1984—2000）》三本文献，留下了弥足珍贵的史料。

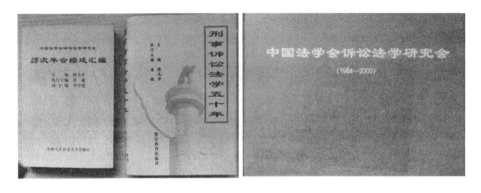

这本图册，汇集了历次年会的合影照片和大量学术研究活动的画面，弥足珍贵。

1984 年 10 月 21 日，由陈光中发起的中国诉讼法学研究会在成都成立，与会代表合影

　　最后，我衷心祝愿陈光中先生健康长寿！同时期望换届后的刑事诉讼法学研究会，更加团结奋进，再为诉讼法治建设不断添砖加瓦，取得更大的成就。谢谢大家！

武延平[*]

贺词

尊敬的陈光中先生：

首先，感谢您邀请我参加您执教 70 周年盛会。

这是次很重要、很有意义的会议。通过这次会议，再次看到您用渊博的知识哺育一代又一代青年健康成长；看到您用马克思主义理论，教育青年树立永远听党话、跟党走的政治方向；看到您几十年教书育人，孜孜不倦的高尚品德。您用这种崇高的教育理念，为国家培育了一批又一批优秀的法学和法律人才，推动着我国法学教育不断向前发展，推动着我国法律制度的不断改革和完善。您为我国法治建设做出了重大贡献的功绩永远值得人们称赞。借此机会，我再次向您表达祝贺和敬佩，并祝您健康长寿，学术青春永驻。

* 中央政法管理干部学院原副院长、教授。

李宝岳*

再忆情谊

在庆贺陈光中老师 90 华诞时，我曾撰写了一篇小文《浅忆情谊》（载《贺寿文集》）。近日将举办庆贺陈光中老师从教 70 周年盛会，再追忆情谊两事以贺！

第一，20 世纪 80 年代初期，陈老师组织编写律师资格考试辅导教材，邀我参与，颇感陈老师对我的器重。第二，之后，陈老师曾指派我到深圳、济南进行律师资格考试的辅导讲课。这是我第一次到深圳，那时的深圳还真是个"小渔村"，但改革开放，人们异常活跃，如在一平地操场边搭一台子，设有麦克风，无论什么人都可以登台演唱。期间，陈老师的一位朋友、香港的金姓资本家曾接待我。后来，该金先生来北京拜访陈老师，陈老师设晚宴请他并邀我作陪。餐后，陈老师说要安排这位金先生住中央党校，但临时住宿党校可能条件简陋，如蚊子较多。陈老师说：不怕！他住党校会感到很光荣，将成为他与人交谈的又一资本。另外，他有驱蚊器。那时对于驱蚊器我还是首次听闻。对于陈老师的这一安排，我直觉得绝妙！但事后如何？不知。

以上追忆是否准确，还请光中老师指正！

---

* 中国政法大学教授。

陈卫东[*]

致敬坚持真理、久久为功的中国刑事诉讼法学奠基人

——在"陈光中教授执教理念与实践研讨会暨陈光中教授
执教七十周年座谈会"上的致辞

尊敬的陈先生和师母，尊敬的各位领导、老师、同学：

大家好！今天我们大家在这里隆重地集会，隆重地祝贺陈光中先生执教七十周年，并研讨先生的执教理念和实践。非常感谢会议的主办方给我一个这样发言的机会。虽然时下疫情严重，很多人不幸被感染，其中有的在感染中，有的刚刚初愈，但今天仍然有这么多人的参加，充分说明了先生在大家心目中崇高的地位。在此我也向先生表达最衷心的祝贺和敬意！

执教七十年，听起来这是一个十分难以置信的数字。从 20 世纪 50 年代，先生就辛勤耕耘在法学教学的第一线，跨越了两个世纪，可以说创造了一个奇迹，这种奇迹恐怕前无古人、后无来者。更难为可贵的是，先生在七十年的教学生涯中，无论是在教学、科研，还是在刑事诉讼的立法、刑事司法的改革领域，可以说都做了大量的工作，做出了卓越的贡献，成为了当代当之无愧的诉讼法大师。我是 1983 年从中国政法大学本科毕业，考入中国人民大学攻读刑事诉讼法学硕士研究生，说起来也近 40 年了。40 年来紧跟先生的步伐，在刑事诉讼法学教学和科研当中，深受先生的教诲，深得先生的指点，今天能有一点成就都离不开先生的关爱与帮助，在此向先生表达最诚挚的谢意！几十年来，先生始终以敏锐的眼光，紧跟时代步伐，关注国家法治建设。如今虽然年事已高，但仍然坚持教学、科研，出席各种学术会议。先生在重大的理论问题上历来敢于坚持真理，在刑事诉讼法的修改中，司法体制改革的研讨中，以及国家监察制度改革的讨论过程中，我都亲眼目睹了先生仗义执言说真话，这种程度有时都超过了我们这些后辈。作为当今中国刑事诉讼法的奠基人、领路人，先生几十年来带领我们学界始终致力于我国刑事诉讼制度的发展、完善，引导我国刑事司法不断走向公正、文明，可以说今天我国刑事诉讼制度有如此之成就，先生功不可没。

新时代下，先生虽年事已高，如今已九十多岁的高龄，但我们仍然衷心地希望先生能为中国的法治建设做出新的更大的贡献。最后衷心祝福先生健康长寿！学术之树常青！谢谢大家！

---

* 中国人民大学法学院教授。

左卫民 *

一位追寻中国式刑事诉讼
现代化的智者
——写在祝贺陈光中先生从教 70 周年之际

当今中国，有多少人能在法学教育岗位上工作 70 年呢？在不平凡的 2022 年，对中国诉讼法学界来说，岁末盛事便是庆祝陈光中先生从教 70 周年。

恰逢此时，我收到了退休多年的中国政法大学刘根菊教授发给我的旧照。这些照片拍摄于 1996 年我跟随陈光中先生第一次出国访问之时。旧照中的陈光中先生容光焕发，精神矍铄，彼时的我还是一位意气风发的青年，脸上胶原蛋白满满，头发茂密。忆往昔，感触颇多。

借着几张旧照牵出的回忆，我想再次以一个见证者的身份来概略地分享我眼中的陈光中先生 70 年来为中国法治和法学研究发展所做出的贡献。

第一，致力于打造一种走向开放的刑事诉讼法学。我国诉讼法学曾经长期处于比较封闭的状态，改革开放以来，陈光中先生不仅牵头完成了第一部研究域外刑事诉讼制度的精彩之作，更以划时代的前瞻性和开放性推动了中国刑事诉讼学界与域外的交流。

以我本人为缩影，第一次与域外优秀学者交流便是 1994 年 11 月在先生主办的第一届刑事诉讼国际研讨会上，见识了当时的世界一流刑事诉讼法学家如赫尔曼教授、祖潘基奇教授等"华山论剑"的场景。我第一次直面鲜活的域外刑事诉讼实践则是 1996 年跟随先生远赴美、加等国考察，实地感受域外刑事司法机器的运作。

---

* 四川大学法学院院长、教授。

先生的努力帮助中国刑事诉讼法学研究者开拓了国际视野，相应的比较研究使我们更好地理解中国并推动中国法治的发展，同时也让域外看到了中国法治的发展与进步，让中国法治故事、法治声音为人类法治建设彰显新的亮丽。就在上个月的中国刑事诉讼法学研究会年会上，先生依然呼吁秉持开放的研究态度。

第二，致力于打造以权利为基点的刑事诉讼法治之学，并以理论建构为支撑助推中国司法制度和实践的改革。陈光中先生亲历、见证了70年中国法治建设的发展包括其间的蜿蜒曲折。先生自20世纪80年代末就致力于推动中国加强刑事司法中的人权保障，特别值得铭记的是，先生率领专家团队完成了1996年《中华人民共和国刑事诉讼法〈修改建议稿〉》，对于以加强个人权利保障为标志的1996年《中华人民共和国刑事诉讼法》修正及随后的一系列刑事诉讼法学理论发展和制度变革，先生厥功至伟。

直至今日，年逾九旬的先生依旧笔耕不辍，继续致力于以权利为核心的刑事诉讼法学理论与制度体系的完善。对历史上缺乏权利基因的刑事诉讼而言，这种权利导向的研究与努力对中国式法治的打造善莫大焉。

第三，作为学术领袖，致力于打造诉讼法学的学术共同体。作为身处京外的"圈内人"，我们见证了陈光中先生作为诉讼法学的领军人物、作为学会会长团结全国来自不同地区、不同流派学者的努力。中国诉讼法学会自1984年成立以来，先生担任会长20余年，学会的工作头绪繁多，困难重重，但在先生的努力下，诉讼法学会逐渐走向兴旺。在这20多年中，先生兼容并蓄，包容团结。不论是资历深厚还是初出茅庐者、纯粹的理论研究者还是司法实务工作者，先生都努力地将大家团结在中国诉讼法学会这个家园，共同开展中国（刑事）诉讼法学研究。

作为当代中国刑事诉讼法学的重要奠基者，先生对后辈学者的热忱关爱超越了学校、地域、流派的限制，以开阔的心胸使百川归海，有力地推动了中国刑事诉讼理论与制度的发展和完善。

基于但不限于上述贡献，先生当之无愧地是对当代中国刑事诉讼法影响最深刻的学者。中国刑事诉讼法治的建设能够有先生这股盛德与学术造诣兼备的学术领袖加持无疑是大幸！

时光如电，人事沧桑，转眼先生从教已然70年了，至今依然坚守在教学和研究的第一线，构成中国法学界的一道独特风景。这种旺盛的学术精力，没有崇高的理想追求支撑是不可想象的，这也是我们后来者应当学习的。展望未来，我祝愿"90后"的先生保重身体，继续前行，让这样一道中国法治的独特风景线，继续激励、引领千千万万的法律人！

孙长永[*]

勤耕杏坛七十载，唯求法治行中华
——在"陈光中教授执教理念与实践研讨会
暨陈光中教授执教七十周年座谈会"上的发言

尊敬的陈光中先生和师母，尊敬的各位领导、各位嘉宾，各位学界同仁，各位线上线下的朋友：

下午好！

今年，我们迎来了著名法学家、法学教育家、中国政法大学终身教授、中国刑事诉讼法研究会名誉会长陈光中先生执教七十周年。七十年对于一个学者来说，是极其难得的工作历程。虽说现在生活、医疗等条件好了，人生八九十已经不怎么稀奇了，但像陈先生这样能够辛勤耕耘杏坛七十周年，九十多岁高龄仍然坚守教学科研一线，始终站在学术前沿，为推进中国民主法治建设积极建言献策，并且在国内外产生重要影响的法学家却是非常少有的。七十年来，陈先生传道解惑，培养了一大批高层次法治人才；著书立说，形成了以动态平衡诉讼观为代表的系统法学思想；学以致用，助推了刑事诉讼立法的不断完善和司法改革的持续深入；团结协作，引领了刑事诉讼法学科的组织体系（包括学术组织建设和学位点布局）、知识体系（以其主编并多次修订再版的规划教材为核心）建设；开拓创新，扩大了中国刑事诉讼法学话语体系的国际影响力；设立诉讼法学专项基金，面向全国，奖励学业优秀、科研突出的诉讼法学硕士研究生、博士研究生、博士后，促进了诉讼法学青年学子的健康成长。作为中华人民共和国刑事诉讼法学的奠基人，陈先生为中国诉讼法学人才培养、知识体系建设、学术组织建设和话语体系建设，以及国家的民主法治建设特别是刑事诉讼立法的完善和司法改革的深化等均做出了特别突出的贡献，他因此获得"全国杰出资深法学家"称号和"中国刑事诉讼法学终身成就奖"，这完全是实至名归。在陈先生八十寿辰祝贺会上，先生曾吟诗一首："风雨阳光八十秋，未敢辜负少年头。伏生九旬传经学，法治前行终生求。"表达了终生追求民主法治的理想。参考这首诗的核心意旨，借今天这个机会，我做一首打油诗，以表达我对陈先生执教七十年的由衷祝贺和崇高敬意："勤耕杏坛七十载，桃李芬芳满天下。立言传道助新人，唯求法治行中华"。

2020年3至4月间，为了纪念陈先生90华诞，我经过访谈常怡教授等多名老师、查阅相关资料，认真撰写了《陈光中与西南政法大学》一文，比较详细地介绍了陈先生与西南政法大学（以下简称"西政"）的交往、交流情况，该文已被收入《陈光中教授九十

---

* 西南政法大学教授。

华诞祝寿文集》。当我准备今天的发言提纲、再次翻阅这篇文章时，回想起陈先生对西政和我本人的关心、帮助，情不自禁地流下感动的泪水。陈先生与我的硕士导师王洪俊教授、博士导师徐静村教授，西政原校长种明钊教授、田平安教授等，均有多年的交往与合作，对西政的学科建设和博士生培养给予过巨大的支持，对于我本人也曾经给予过极其珍贵的指导和帮助，在西政校园内为广大师生做过多次学术讲座。陈先生在西政做学术讲座时深受西政师生和重庆法律实务工作者的欢迎，全校最好的学术报告厅里连讲台周围地板上都坐满了学生，那种感人的场面令人终生难忘！陈先生在担任西政博士学位论文答辩委员会主席时，每次都会在答辩结束前发表总结性评论意见和论文修改意见，给予毕业博士生最及时的学术指导。这个环节在我担任副校长分管研究生教育时，转化为西政博士学位论文答辩的必经程序，使得所有博士研究生都能在离开学校之前得到答辩委员会的最后一次集中指导。在此，我代表西南政法大学诉讼法学科向尊敬的陈先生表示衷心的感谢！对于陈先生的关心和帮助，西政人永远铭记在心！

作为一名编外弟子，我曾经多次参加陈先生组织的课题研究和国际学术会议，也曾经3次跟随陈先生出国进行学术交流（2001年8月去美国，2002年8月去俄罗斯、瑞典和丹麦，2016年12月去德国），亲自感受到陈先生严谨治学、开放包容、与时俱进的学术品格以及严格要求、提携后学的大家风范。先生诲人不倦、甘为人梯的教育家精神，开拓创新、为民主法治积极建言献策的法学家精神，为我们这些后辈学人树立了光辉的榜样，激励着我坚定不移地走学术发展道路。

作为一名学界同行和中国刑事诉讼法学研究会的成员，我相信，不久前换届组成的新一届中国刑事诉讼法研究会理事会，必将继续发扬陈先生担任诉讼法学研究会会长期间践行的胸怀天下、团结协作、创新发展的精神，汇聚全国法学界和法律实务界的老中青研究力量，广泛开展国内、国际学术交流活动，为在我国尽快建成符合本国国情和司法规律的刑事诉讼法治体系，特别是建立以审判为中心的刑事诉讼制度，以法治手段助推中国式现代化的实现，使人类文明的共同价值及其制度成果在中华大地生根、开花、结果，做出新的、更大的贡献。

从媒体报道得知，现在是北京新冠疫情暴发的高峰时期，衷心祝愿尊敬的陈先生和师母健康、平安，福寿绵长，开开心心过好每一天！

谢谢！

学生贺词贺文

周国君*

学生周国君祝贺文

陈老师：

最近安好！

祝贺您准备出一本《从教七十周年》的书，我作为受您的教诲的最早硕士研究生之一，把有关材料快递寄给您，一则是为了快一点；二则好让您有时间批改，对其中繁杂的内容。任您删减……

祝您的书早日问世！

学生：周国君（均）2022 年 10 月 16 日

一、祝寿

向恩师陈光中终身教授祝贺九十岁华诞。

陈光中，男，浙江省永嘉县白泉人。1930 年 4 月 23 日出生。著名法学家，诉讼法学界的泰斗，中国政法大学终身教授，博士研究生导师，法学教育家，诉讼（刑事诉讼、民事诉讼、行政诉讼）法学家、中国政法大学校长、中国法学会副会长，教育部人文社会科学重点研究基地——中国政法大学诉讼法学研究院名誉院长，教育部社会科学委员会委员、法学部召集人；是我国诉讼法学的开拓者和奠基人等。

先生毕生致力于诉讼法学的教学和研究工作，培养出博士研究生 200 余人、硕士研究生数百人等。学生中，有著名专家、学者和教授、国家级领导人、省部级或厅局级领导干部、著名大律师等。

祝寿
唱和毛泽东"纪念鲁迅八十寿辰（1961 年）"

九十华诞喜庆日，
宾客祝寿恭贺欢。
祝先生福如东海，
愿老师寿比南山。

---

* 陈光中教授指导的 1979 级硕士研究生，《中国法学》原总编。

祝寿：就是祝贺寿辰。唱和。仿照毛泽东"纪念鲁迅八十寿辰（1961年）而写。"

九十华诞喜庆日：笔者是恩师陈光中终身教授耳提面命的1979级（首届）硕士研究生。在先生九十（2020年4月23日）寿辰喜庆的日子里，各行各业的专家、教授、学者、领导干部、亲戚朋友、学生等宾客祝寿恭贺和欢庆。

恩师陈光中除了教书培育学生以外，还同时竭力从事法学学术研究。据我所知，先生九十年来，公开发表学术论文近千篇，对优秀的绝大部分收集起来，共出版《陈光中法学文选》第一至四卷，约400万字，专著有《中国古代司法制度》《中国近代司法制度》《中国现代司法制度》3部，约300万字。先生还参加中国《中华人民共和国刑事诉讼法》《中华人民共和国律师法》等制定和修改，率领学术代表团到国外参观、访问等；另外，参加了若干件重大刑事案件的论证；等等。

祝先生福如东海：恭祝和庆贺先生的福气像东海的海水那样长流不断。

愿老师寿比南山：祝愿恩师长寿像南山那样永久无比高大。

二、感恩

北京政法学院首届1979级（1979年10月招生）研究生，共35人，分设哲学、政治经济学、法学基础理论、刑法、刑事诉讼法、民法、中国法律制度史、外国法律制度史8个专业。我在刑事诉讼法专业，共5人。学校决定：由张子培副教授和陈光中副教授指导，其中，我受陈老师专门指导。我们研究生除了都听其他老师讲授法理等8门课以外，还听刑法、劳改政策和其他刑事政策的有关课程。

我在主要聆听陈光中老师中国古代、近代、刑事诉讼的课以外，还兼听张子培副教授讲授中华人民共和国自1956年以来刑诉法和刑事政策的课，听过程味秋老师和外请中国人民大学周亨老师讲的西方刑事诉讼和资本主义国家法律制度的课，严端老师讲授的苏俄法和制度的课，张玲元（已去世）老师讲授的东欧社会主义国家刑事法律制度的课，邢同舟老师讲授的刑法课等。到研究生学习的最后一年，即1981年9月以后，是我准备和开始写学位论文的阶段。此时，我是接受陈光中老师耳提面命地指导才写好学位论文的。

当时，陈老师是住在位于北京西城区西单南大街的大木仓胡同教育部干部职工宿舍的师母那里，我约好去他家探讨确定和研究学位论文的。每次，我按照预约的时间乘坐16路换乘22路公交车到他家，一般是上午9点到，学习、讨论到中午12点，师母带领我到教育部干部职工食堂买饭菜，回宿舍用餐。下午，我返校。凡是到陈老师家讨教、研究、探讨论文，都是如此。

讨教、研讨的步骤大体如下：首先，我汇报个人意见、观点和打算，然后听取陈老师指教，抑或相互讨论。其次，两人达成一致意见，我照办。最后，凡不一致观点，我有新想法就讨论，求得一致。

确定学位论文题目的原则主要有4个：①老师教导我，论文题目好与不好、大与小，是现实的还是历史的等，是写好论文的关键。②老师教导我，你写的是硕士学位论文，因此，应该有理论性、学术性，一般不要写实践性的论文。③老师教导我，你是政法学院法律（不是政教）专业毕业，又是从事公安工作后再学习刑诉法专业的硕士研究生，因此，学位论文应该能够充分反映和发挥理论与实践相结合长处的题目。④老师教导我，使我十分明白：我是学刑事诉讼法专业的，因此，题目应定于刑事诉讼法专业。

关于证明力强的证据与证明力弱的证据、合法证据与非法证据。

经向陈老师请教和他最后把关，认为控诉证据是指被告人有罪，从重、加重刑罚的证据和从轻、减轻刑罚的证据，但不包括有的学者所说的免除刑罚的证据；辩护证据是为被告人辩护无罪、从轻、减轻和一切有利被告人的证据，如被告人在立功、坦白、自首等方面的证据。

我认为，直接证据仅指能够单独直接证明（当然是查证后）犯罪人所为，而不需要与其他证据一起共同证明的证据，不像少数学者和实践部门办案所说的"只要是犯罪嫌疑人所遗留工具、手印等"。而直接证据主要是：例如，犯罪嫌疑人的亲口供述，被害人和证人证明作案人是某人，公民当场扭送作案人的行为和陈述、同案人对另外同案人的供述；犯罪集团中的成员供述并签名的认罪书、犯罪集团成员供认并签名的纲领、犯罪嫌疑人在现场（如打、杀、盗等）被证人（路过或偶遇等）拍下照片；等等。实践中，侦查人员将这些都视为间接证据，我是不赞同的。对于间接证据，我认为，是指不能对犯罪嫌疑人是谁作出肯定结论、需要其他众多证据、证据链方能证明的证据。但得出否定结论仅一个间接证据即可。

常用的间接证据，主要包括：①犯罪人实施犯罪的原因和犯罪前的表现；犯罪目的、动机；犯罪前的作案言行；犯罪预备行为等；②犯罪时留下的证据：如物体上留下痕迹；犯罪现场及其周边留下的物品和痕迹等；③作案时间、地点、方法等；④犯罪造成的危害结果、犯罪客体、危害侵害的社会关系；⑤作案时掩盖犯罪行为及物质等。

运用间接证据的规则：①要广泛收集间接证据；②要认为查实间接证据与案件主要事实之间是否有内在联系；③间接证据必须和其他证据一起（直接或间接证据）能协调一致地证明案件主要事实；④关于运用全部间接证据定罪判刑的规则……

硕士学位证书

周国均系湖北鄂城县人，1942 年 9 月 6 日生。在我院已通过硕士学位的课程考试和论文答辩，成绩合格。根据《中华人民共和国学位条例》的规定，授予法学硕士学位。

北京政法学院

院长：张杰（代）

学位评定委员会主席：江平（代）

证书编号：00011

1982 年 12 月 30 日

获法学硕士以后，留在北京政法学院学报编辑部当编辑兼教书。之后，陈光中老师当了中国政法大学校长。在陈老师的关照下，我被评为过：讲师、副编审、研究员等。陈老师还带着我参加《中华人民共和国刑事诉讼法》的修改工作。（我承担修改"侦查"一章 62 条……）

1998 年 12 月征求和照陈老的指教，去到中国法学会《中国法学》杂志任总编辑（正厅），一直工作到 2006 年初退休。

由此可见，陈光中老师近 30 年来，一直教导我、关照我，敬称他是恩师名副其实，"感恩"完全应该。

感恩

四十二年求学术，
恩师常谕红和专。
导师率先做垂范，
言传身教高峰攀。

四十二年求学术：前述了42年求学的经历。

恩师常谕红和专：陈老师常常教导我一辈子要力争做到红和专，如何以红带专、以红促专，等等。

导师率先做垂范：陈老师在红与专方面，首先做榜样和示范。

言传身教高峰攀：陈老师以言传身教如何攀登学术高峰。

根据上述原则，几经向陈老师请教和相互探讨，最终确定题目为《论刑事证据的分类》。此是研究刑事证据，而不是研究民审、行政证据的分类。分类，属学术理论性质，而不属于实务性质，此题在刑事诉讼证据理论界尚无先辈研究过，写出来且写得好可谓是填补了空白。陈老师如此这般鼓励我，由此，我也信心十足，表示绝不辜负老师的鼓舞和期望！

经过多次向陈老师请教和互相讨论，最终写：

目录

一、概论

（一）证据分类的概念

（二）证据分类的历史沿革和我们应采取的态度

（三）证据分类的必要性

二、对公认的三种证据分类中的某些问题的看法

（一）原始证据和传来证据

（二）控诉证据和辩护证据

（三）直接证据和间接证据

三、三种证据的理论分类

（一）言词证据和实物证据

（二）证明力强的证据和证明力强弱的证据

（三）合法证据和非法证据

讨论后，一致认为：①重点是研究学术界分歧较多、较大的控诉证据与辩护证据；②直接证据与间接证据之间是否有因果关系；③间接证据必须能与其他证据一起（能直接或间接地证明）案件主要事实；④关于运用全部间接证据定罪判刑问题。请教后认为共有4条规则：①间接证据必须与案件事实有内在、客观的联系；②间接证据与间接证据之间、间接证据与案件事实之间必须协调一致；③全部间接证据要形成环环相扣的证据锁链；④运用间接证据证明案件主要事实，即犯罪嫌疑人是谁的肯定性结论是唯一的，并且是能排除其他结论的可能性。

关于"证明力强的证据与证明力弱的证据"。凡能证明案件事实、明显发生和存在的

各种证据，就是证明力强的证据，如案发现场上遗留下来很清晰的足印……凡是证明力小的证据，就是证明力弱的证据，如模糊足印或有缺损的证据……

学位论文的这一部分，获得硕士研究生学位以后，以《试论证明力强的证据和证明力弱的证据》一文（8000字）发表在《法学研究》（1983年第6期）上。由此不再赘述。

关于"合法证据与非法证据"。这种分类在中外的证据理论是没有的，在我的毕业论文中，用一节的篇幅作了试探性研究。毕业时刑事专业指导小组的鉴定为：该同志拥护党的十一届三中全会以来的路线、方针、政策，坚持党的四项基本原则，努力学习马列主义、毛泽东思想和社会主义法律专业知识。理论联系实际，关心我国四化建设、法治建设。学习目的明确，学习态度端正，认真完成了3年的硕士研究生学业，学习成绩优良，具有较好的研究能力。该同志对党忠诚老实，遵纪守法。政治上热情关心、团结同志，有批评和自我批评的精神，谦虚谨慎，实事求是，作风正派，生活俭朴。希望今后发扬极端刻苦认真的精神，取得更优异的成绩，加强身体锻炼，为我国法学研究、政法教育、法治建设做出新贡献。

毕业时6门考试成绩：

1. 刑事诉讼法专业：优秀；
2. 刑法专业：优秀；
3. 法学基础理论专业：优秀；
4. 政治经济学专业：优秀；
5. 哲学专业：良好；
6. 俄语专业：良好。

毕业时3门考核成绩：

1. 中国当代刑事诉讼：合格；
2. 苏联、东欧国家刑事诉讼：合格；
3. 西方资产阶级国家刑事诉讼：合格。

毕业答辩的成员是：

主持答辩的主席：庚以泰副教授（中央民族学院法律系）；

参加答辩的成员：陈光中副教授、严端讲师、程味秋讲师、张玲元讲师。

对我答辩评语：5人一致建议授予周国均硕士学位。

毕业证书

北京政法学院《研究生毕业证书》（载《北京政法学院学报》）。研究生周国君，系湖北省鄂城县人，于1982年7月在本院刑诉专业，完成3年制研究生学习计划，成绩合格。

1982年12月30日通过论文答辩，准予毕业。

北京政法学院 院长 曹海波

卞建林*

陈光中教授七十年执教历程介绍

尊敬的先生和师母，尊敬的各位领导和来宾，各位老师和同学，各位同仁和同门：

大家下午好！今天我们怀着喜悦的心情在云端聚会，隆重庆祝陈光中先生执教七十周年。首先请允许我代表陈门全体弟子向敬爱的老师陈光中先生致以热烈的祝贺和崇高的敬意！

先生是我国著名法学家、法学教育家、社会活动家，是中国刑事诉讼法学重要奠基人，也是中国特色社会主义法学开拓者之一。在过去七十年的法学执教生涯里，他为中国特色社会主义法治事业的建设、中国特色法学体系的构建，特别是刑事司法制度和诉讼程序的发展完善，以及高级法学、法律人才的培养做出了突出贡献。先生身兼多种重要社会职务，主要有：国务院学务委员会第二届至第四届法学学科评议组成员，国家哲学社会科学研究"八五""九五"法学规划小组成员、副组长，中国法学会第三届、第四届副会长，中国法学会诉讼法学研究会第一届至第四届（1984 年至 2006 年）会长，最高人民法院特邀咨询员，最高人民检察院专家咨询委员会委员，国家图书评奖委员会第二届至第四届委员，教育部人文社会科学研究专家咨询委员会委员。

陈光中教授 1930 年出生，1952 年毕业于北京大学法律系，毕业后留校担任助教。同年，因院系调整转入北京政法学院工作。是从中国政法大学初创伊始一直在教学科研一线，奋斗奉献了整整 70 个春秋的资深教育工作者，杰出的法学教育家。1986 年，经国务院学务委员会批准，先生领衔申报的诉讼法学博士学位点在中国政法大学设立，先生也成为全国第一位诉讼法学博士研究生导师。自 1983 年起先生先后担任中国政法大学研究生院副院长，中国法治研究所所长，中国政法大学常务副校长、校长。在担任行政职务期间，先生在教学改革、科研创新、引进人才、开展对外交流、提高学校声誉等方面均有所建树，并因作风朴实、平易近人被誉为"平民校长"。1994 年卸去行政职务后，先生继续担任教授、博士生导师至今。1991 年经国务院批准，先生荣获有特殊贡献专家的政府特殊津贴待遇。2001 年中国政法大学基于先生的学术成就和海内外影响力决定授予他终身教授的称号。先生自 1984 年中国法学会诉讼法学研究会成立之日起便担任会长，为完善我国诉讼法律制度，繁荣诉讼法学研究做出突出贡献。中国法学会授予其全国资深法学家称号，中国刑事诉讼法学会授予其中国刑事诉讼法学终身成就奖等。在教书育人、培养人才方面，先生始终坚持求索真理、勉励创新、文以载道、学以致用的培养观点，注重因材施

---

* 陈光中教授指导的 1987 级博士研究生，中国政法大学诉讼法学研究院特聘教授。

教，迄今为止已经指导培养了博士后 10 人、博士 115 人、硕士 16 人。他的学生有的已经成为知名教授及杰出学者，有的已成为政法部门重要领导和骨干力量，可谓桃李天下、英才辈出。为了培育新人、提携后进，先生在学生亲友及有关各方的支持下，特别是先生本人捐赠，于 2002 年成立了"陈光中诉讼法学奖学基金"。基金面向全国对学业优秀、科研突出的硕士研究生、博士研究生、博士后予以奖励。特别令人感动的是在 2020 年基金扩容，捐赠规模已经得到较大幅度增长的情况下，在庆祝执教 70 周年之际，先生又以个人名义捐赠了 500 万元，进一步奖励和促进诉讼法学青年学者的成长。同时，先生也在他的家乡浙江省永嘉县成立了"永嘉县陈光中教育基金会"，以促进基层中小学教育事业的发展，以此报效家乡的桑梓之情、哺育之恩。

在诉讼法领域，先生是当之无愧的刑事诉讼法学奠基者、开创者、领路人。先生执教 70 年来一直从事刑事诉讼法学、证据法学和司法制度方面的教学研究，是德高望重的法学大家，科研成果丰硕，教学成就卓著，其独著、合著、主编的著作 45 本，主编教材 18 本，发表论文 300 余篇，先后获得重要奖项共 15 项。包括：教育部社科一等奖、司法部全国法学教材与科研成果著作类一等奖、北京市社科特等奖、英国文化委员会颁发的文化交流奖。其所著的《中国古代司法制度》《中国近代司法制度》和《中国现代司法制度》是研究阐述中国司法制度的传世之作。其主编的全国高等院校法学专业核心课程《刑事诉讼法学》是国内应用最广、享有盛誉的统编教材，现已出版发行了第 7 版。先生撰写的《中国古代司法制度》《中国现代司法制度》等著作，和主编的《刑事诉讼法学》教材均已被列入国家社科外译项目，已经和将要译成多种文字，在国外出版发行。先生的学术思想博大精深，其最具代表性的学说为刑事诉讼动态平衡观。其核心是以打击犯罪与保障人权相结合，实体正义与程序正义并重，客观真实与法律真实相平衡等。该理论对学术研究和司法实践均具有重要的指导意义。先生一贯主张知行合一、学以致用、服务社会、报效国家，他积极参与法律制定与立法修改，为我国很多法律的制定与修改做出了重要贡献。其中最为突出的是他于 1993 年接受全国人大常委会法工委的委托，率领中国政法大学课题组，拟制了《中华人民共和国刑事诉讼法〈修改建议稿〉》，报送全国人大常委会法工委作为《中华人民共和国刑事诉讼法》修正的参考，该《修正建议稿》的大部分内容被1996 年通过的《中华人民共和国刑事诉讼法修正案（草案）》采纳。2017 年《中华人民共和国监察法（草案）》向社会公布后，他对该草案提出了 8 点系统性的修改意见，他所提出的修改意见，对《中华人民共和国监察法》（以下简称《监察法》）的制定起到了积极的推动作用，有的建议直接被后来通过的《监察法》吸收。

可以说，先生把自己的一生都无私地奉献给了中国的法治事业和法学教育事业。他也兑现了自己少年时立功、立德、立言的誓言，我们从先生身上真实地看到了老一辈学者的高风亮节、大师风范。先生一生始终秉持治学报国的精神，勤勉工作、笔耕不辍、学贯中西、博古通今，是我们后辈学人、学子学习的榜样。我于 1986 年在中国政法大学研究生院刑事诉讼法专业硕士研究生毕业，承蒙先生厚爱，留校任教，并有幸成为先生指导的第一位诉讼法学博士研究生，自此追随先生从事刑事诉讼法学的教学研究，长期在先生身边工作和学习，有机会获得先生耳提面命或耳濡目染，真是收获良多、终身受益。先生言传身教、身体力行，使我们不仅学到了知识还学会了做人。对于先生的授业解惑之恩，此生难以言报，唯一能做的就是以先生为榜样，更加勤勉工作、朴实做人，争取为国家和人民多做一点有益的事情。先生已经 92 岁高龄，身体康健、精神矍铄，大家都非常高兴。先生身体健康是我们的希望和福气，在此，让我们共同祝愿先生福寿绵长、幸福安康，谢谢大家！

李忠诚

李忠诚*

烛光

——陈光中教授执教七十年赞

陈氏骄子出永嘉，
光宗效国传佳话。
中国政法讲坛立，
教书育人兴中华。

* 陈光中教授指导的 1991 级博士研究生，最高人民检察院原反贪污贿赂总局二局副局长（正厅级检察员），现任中国农业农村法治研究会副会长。

授业传道燃烛光,
执教解惑参立法。
教育宗旨在育人,
七星北斗耀天下。

十分虔诚耕耘者，
年年都有硕果发。
盛世耄耋仍奋进，
赞美之声誉华夏。

陈瑞华*

先生之风，山高水长
——在"陈光中教授执教理念与实践研讨会暨
陈光中教授执教七十周年座谈会"上的发言

尊敬的先生、师母，尊敬的各位领导、各位老师、各位师兄师姐师弟师妹：

今天是先生从教 70 周年的庆典，很荣幸能在这个美好的日子里向先生致以最诚挚的祝福。同时借此机会，对先生多年来对我进行的培养、关心、支持和帮助，表达最真切的感谢。

先生是公认的学术泰斗，一代宗师。先生的学术贡献斐然，研究成果丰硕，提出了博大精深的学术思想，这是我们有目共睹的。我于 1992 年考入中国政法大学，师从先生攻读诉讼法学博士学位。作为学生，我最深切的体会，那就是先生始终秉持着教育公平的理念，做到了"有教无类""因材施教"。不管学生入学以前是何出身，不论学生入学前的身份、地位与职位如何，先生始终以学习成绩和培养潜力作为招收人才的标准。正是在这样一种公平的教育理念指引下，我们这些曾经的穷学生才有接受博士教育的机会。先生对学生充满大爱，这种大爱，可以说是"高山之爱""大海之爱"，不仅体现在对学生生活的关心上，更体现在全力为学生创造机会，带领学生进入学术之门上。我在跟随先生身边学习期间，曾多次参与学术会议、实务调研以及国家的立法活动，甚至曾在很多重要的活动中担任秘书职务，可谓受益良多，影响终身。先生在对学生充满大爱的同时，也做到了严格要求。我们其中的很多人今天也在做老师、做导师、带学生，我们深深地知道，要想把一个在学术上一无所有，处于学术事业起步阶段的年轻学生，培养成一个具有独立的学术创造力的学者，是多么不容易的事情。我们当年所写的每一篇文章，每一份发言稿，先生都一丝不苟地予以修改。今天的我们，面对自己的学生，都很难做到从标点符号、文字表述等方面予以全面的指导、润色乃至修改。先生当年做到了。

在学术贡献上，先生的思想是博大精深的。刚才很多老师，很多同行都给予了充分的肯定。在此，我个人再进行四点补充。

第一，先生具有独立的学术立场，这永远值得我辈学生奉为楷模。刑事诉讼法学是一门治世之学，它的使命是研究立法和司法实践中的问题，涉及多个部门、多个国家机关的法律关系，也涉及国家权力和个人权利之间的平衡问题。先生在教学育人和学术研究过程中，始终秉持着独立的学术立场，不为部门利益所动，永远站在学术的立场上看问题。这

---

* 陈光中教授指导的 1992 级博士研究生，北京大学法学院教授。

一点对我影响非常大。无论是在《中华人民共和国刑事诉讼法》修正过程中，还是在不久前的国家监察体制改革的讨论中，先生这种独立的立场，对中国法治的进步、法治底线的遵守，起到了中流砥柱的作用，这是大家有目共睹的。

第二，先生在做学问、参与立法以及推动国家司法改革的过程中，特别强调立足于中国国情，关注中国问题。在我读博士期间，曾参与先生主持的《中华人民共和国刑事诉讼法〈修改建议稿〉》的起草工作。当时，学者们在很多问题上存在争议。先生站在解决中国问题的立场上，立足中国国情，充分考虑制度的可行性后，提出了统合性的方案。最终，这部专家建议稿的绝大部分条文，都被立法部门采纳。

第三，先生高度重视刑事诉讼法学基础理论研究，不断推动着刑事诉讼法学体系的建设。一个学科如果仅仅是研究对策、教义，或者仅仅研究如何推动立法，将是幼稚的学科。一个成熟的法学学科，一定要有其基础性的概念范畴，提出基础性的理论，最终才能形成理论体系。从 20 世纪末开始，先生高瞻远瞩，站在学科理论发展的高度，指导博士研究生对刑事诉讼法学的基础理论进行了开拓，从刑事诉讼构造到刑事诉讼目的，再到刑事诉讼价值、刑事诉讼职能、刑事诉讼主体等，一系列全新的理论范畴应运而生，有些成为了法学界公认的常识，这是先生战略眼光和学术智慧的体现。我们可以看到，当今几乎所有的刑事诉讼法的教科书中，前两章内容都在讨论刑事诉讼的基本范畴和基本理论。这样一个刑事诉讼法学体系的形成、学科理论的繁荣，都离不开先生当年的远见卓识，以及他对刑事法学基础理论的高度重视。可以说，在这个问题上，先生深刻影响了整个刑事诉讼法学的建设事业。

第四，先生一直秉持着刑诉法学研究的国际视野，具有世界性的眼光。我在追随先生读书期间，就曾参加过无数次的国际学术研讨会，也曾追随先生进行过若干次海外学术访问活动，与国际同行进行对话，关注国际上相关的理论前沿问题。我记得有一次曾跟随先生到英国伦敦访问，在中午吃饭休息的时间，先生和我到伦敦一家法律书店，发现了两本最新版的比较刑事诉讼法学专著，先生建议我立即将其买下，因为它们属于最新的比较法学研究资料。此外，先生总会将自己从国际友人那里获赠的最新的书籍，在第一时间提供给我们，作为研究的重要参考资料。可以说，刑事诉讼法学这门学科之所以能具备不保守、不固执、不偏执的品格，能够保持开放的胸襟，与世界对话，能够在某一些方面跟国际上进行平等的交流，离不开先生的这样一种世界的眼光。

先生对法学研究的贡献，以及先生对我本人所产生的影响，并非三言两语能够说尽。我愿意以先生为楷模，继续进行学术上的进取，薪火相传，培养好自己的学生，培养一批可造就的人才，继续在刑诉法学这个领域开拓，做出自己的贡献，同时为中国的法治建设做出自己的努力和贡献。我想，这是对先生培养之恩最好的报答方式。

衷心祝愿先生健康长寿，学术之树常青。谢谢。

汤维建[*]

庆贺陈光中教授执教七十周年

今年 3 月，我接到母校中国政法大学（以下简称"法大"）的通知，拟于 2022 年 7 月 10 日在法大学院路校区举办"祝贺陈光中教授执教七十周年会议"。由于疫情的原因，会议延至今天在云端顺利召开。我热烈祝贺本次盛会的召开！

陈光中先生是我国著名法学家、法学教育家。先生于 1952 年 7 月从北京大学法律系毕业后就开始执教于北京政法学院（今"中国政法大学"），历经 70 年辛勤耕耘，先后培养出了 120 余位博士研究生和博士后，至于听其课的学生就不计其数了。

我在 1992 年 7 月考入先生名下，追随其研读程序法博士研究生学位。先生的专业是刑事诉讼法，然先生绝无门户之见，敞开大门广收门徒，我们这些非刑事诉讼法学的程序法学子也能被先生不弃纳入门下传道授业解惑。记得我入师门之时，正是先生刚刚从中国政法大学常务副校长晋升为校长之时，可谓百事在身，忙碌不堪。尽管如此，先生从未影响对我们这些学子们的学业指导，有时甚至是拖着疲惫身躯抽出晚上的时间为我们上课，一上就是两三个小时。先生无论公务多么繁忙，都要挤出时间带领我们这些弟子写文章、做课题。先生的谆谆教诲，常常使我们这些弟子有拨云见日、醍醐灌顶之感。

先生坚持学术独立和百花齐放的学术原则，从不给学生们划定框框、画出条条，更不将自己的观点强加给学生们接受和论证。和先生讨论学术问题是人生的一大享受，不知不觉，你就会感觉到学术之奥妙和魅力。先生的学术思想具有很强烈的中庸色彩，创新而不偏激，稳健而不泥古。先生常常教导我们，既要大胆借鉴西方国家的有益的法治经验和理论精华，又不能脱离国情而盲目照搬照抄；理论有没有价值，关键不在于词句的华丽而在于能否解决实践中的问题。先生跟我们讲的，现在回想起来，大多是程序法哲学层面的抽象问题。例如客观真实究竟能不能达到或实现？先生毫无含糊地指出，现在那种以法律真实、相对真实来否定客观真实的观点是有问题的，只要诉讼制度完善了，客观真实是可以而且也是应当被实现的。

先生有过人的精力和超强的记忆力，给我的感觉似乎是，无论谈到任何的学术问题，先生都能如数家珍般款款而谈，涉及具体的人和观点，也都能精准地脱口而出。记得有一次我们谈到了美国的罗尔斯，先生说到罗尔斯关于程序正义论尤其是对其中纯粹的程序正

---

* 陈光中教授指导的 1992 级博士研究生，中国人民大学法学院教授、博士生导师，全国政协委员，民革中央常委，中国法学会民事诉讼法学研究会副会长。

义模式的论述，先后有过变化，《正义论》中的说法和《政治自由主义》中的说法有着差别，并且拿出书向我们进行了对照性阐述，使我们大受启发，也很感叹先生对程序法的研究，始终是从哲学源头上找学术的根源和论据，以切实全面把握学术发展的基本趋势和演化动向。

先生十分用功勤奋，笔耕不辍，先生的著述用"等身"二字来形容毫不夸张。先生的著述无论是专著还是主编的教科书、修法建议稿及论证书，在整个法学界都有巨大影响，其学术思想对"中国法学向何处去"尤其是"中国刑事诉讼法学向何处去"这一跨世纪法学命题主流观点的形成具有难以匹敌的塑造力和形成力。我是研习民事诉讼法学的，我深切地感受到我国民事诉讼法学的发展尤其是重大理论的结构性调整，在很多方面受到了刑事诉讼法学的影响。例如，刑事诉讼目的论、刑事诉讼价值论、刑事诉讼构造论、刑事诉讼效益论等，这些由先生指导的博士生论文纷纷问世后，民事诉讼法学才开始了从注释法学向理论法学的转向，民事诉讼目的论、民事诉讼价值论、民事诉讼模式论等命题才被纳入学术界探讨的范围。从这个意义上说，先生以及先生所指导的第一批博士研究生们首开了诉讼法学由注释法学向理论法学进行转向的先河，而先生正是这一理论转向的擎大旗者和拓荒者。

先生是学术上的智者，也是生活中的长者。和先生交谈如沐春风，惬意而自在。先生说话，舒缓有度，字斟句酌，每句话拿捏的分寸恰到好处，表述简洁而耐人寻味。望之俨然，即之也温。先生总是给人一种温而不厉、威而不猛、亦庄亦谐的立体感、亲切感，温润如玉。在我看来，先生既是智者，也是仁者。也因此，先生既获得了学术上的卓越成就，又赢得了学生们和周围人们的诚挚的热爱和敬重。

最后，诚祝先生寿比南山，生活幸福，学术之树常青！

李文健[*]

＊　陈光中教授指导的 1993 级博士研究生，海关总署风险管理司司长。

王万华[*]

我心中的先生：一位既是严师亦是慈父的良师

感谢组委会的安排，让我有机会在今天这样一个隆重的场合表达我对先生的敬意和深深的感激之情！祝贺先生执教已满 70 载。桃李芬芳满天下！

在人生历程中，其实只有那么几个重要时刻会对我们的人生走向产生影响。能够成为先生的学生，于我，就是这样一个极其重要的时刻。回顾自己的求学路，我经常感慨命运是何等地关照我。我的专业本是行政诉讼法学，却得以投到先生门下，成为先生的弟子，这对我的学术之路具有决定性的影响。先生培养学生，极为重视引导学生开展基本原理的创新研究，强调"求索真理、勉力创新"，这让大家上学的时候都感觉压力很大，但正是这种高起点的学术训练，让我们后面的学术成长很快得以进入正轨。记得当年几位师兄师姐的论文分别研究刑事诉讼构造论、目的论，蔡金芳师姐领到的任务是系统论，当时我感慨师姐这个题目好难写啊。我想，正是注重对现象背后基本原理的探究，使得先生终成一家之言，形成了"刑事诉讼动态平衡观"的学术思想。先生提出的"打击犯罪与保障人权相结合""实体正义与程序正义并重""客观真实与法律真实相平衡"都在学界和司法实践中产生了极其深厚的影响。我当年有幸为先生的实体正义与程序主义并重的程序价值观执笔，这对我是莫大的鼓励。在协助先生写作的过程中，我领会到先生治学进路是：重基本原理研究，也强调回应司法实践；秉持开放精神，注重国际视野，重视域外最新制度发展研究，也坚持立足中国国情；聚焦个体权利保障，也考量客观法秩序的实现。这其中处处体现了平衡的理念，也体现了先生待人平和、处事不偏激、凡事考虑周全的性格特点。先生写作将思想性放在首要位置，无新的思考不成文；文风则追求准确、朴实、简洁。这些，都对我的学术研究产生直接影响。

先生在学习上是严师，在生活中则是慈父。我读博士的时候年龄比较小，先生在向别的老师提起我的时候，总是说"这个小姑娘怎么怎么的"，让我倍感亲切温暖。我想正是先生对学生的呵护关心，让"陈氏学堂"充满了浓浓的一家亲氛围。回想当年的博士生活，快乐时光依然历历在目。犹记得，先生领着我们一起去植物园春游，打扑克，在植物园门口大伙走散了，还是王树平冲到一位游客面前，以不容置疑的口气借用了人家的大哥大，才算找到了组织；也还记得，我们那一级最会讲笑话的是郑旭，每次活动，大家就会说郑旭快点快点，先来一个笑话，而郑旭同学每一次都会来一个不重样的笑话，把先生和

---

* 陈光中教授指导的 1996 级博士研究生，中国政法大学诉讼法学研究院教授。

大伙逗得哈哈大笑；最难忘的则是，每次聚会，先生都会欣然接受大家的提议，高歌一曲《敖包相会》，现在我的耳边仿佛又回响起那优美的旋律。这些快乐的往事一幕一幕，伴随我们度过了有时难免枯燥的博士生活，就像发生在昨天一样。

严师和慈父，在先生身上得到完美的结合，能够成为先生的学生，何其幸也！借此机会，祝愿亲爱的先生和师母身体健康！安享幸福晚年！也期待疫情结束后，能够再次面对面聆听先生的谆谆教诲。

张建伟[*]

青山事业，老圃心情
——在"陈光中教授执教理念与实践研讨会暨
陈光中教授执教七十周年座谈会"上的发言

　　清代诗人龚自珍有一首诗很适合献给自己的导师"料理空山颇费才，文心兼似画家来。矮茶密缀高松独，记取先生亲手栽。"先生执教 70 周年，这首诗可以借用来概括他作为法律教育家的功绩。在陈门弟子的眼中，他是一个温良敦厚的长者，可亲可敬。他一生著书立说，学术成果不断地产出。他诲人不倦，坚持讲课，要把金针度与人。作为学术的领航人，他经常组织和参加学术研讨会，到各地调研。作为中国刑事诉讼法学界首屈一指的专家，他与域外法律界进行了许多有益的交流。他一根弦总是拉得满满的，直到 90 岁高龄才因身体原因节奏有所放缓，但仍然笔耕不辍，继续招收和培养博士生。如此繁忙的学术研究与教学工作也未能影响他对学生的学业与事业的关怀。陈光中教授培养博士生有几句他自己的格言，他称之为"十六字诀"，就是博而后精、业精于勤、文以载道、学以致用。他要求学生多看、多读，有了"博"以后，在本专业领域才能做到学问精深。他不主张学生从一开始就专精于某一个点，如果这样的话就做不到知识的广博。此外他要求学生勤奋，要多写论文，学术文章不要写得不明不白的，先要有道理、有主张，有了明确的思想观念之后再去写作。要将自己创新的思想观念呈现出来，不能为了写论文而写论文，文章一定要讲思想性。他是心中有罗盘，心中有指针。他的学术风格一贯是减重、从容，不疾不徐，既不保守、也不激进。如一位外国思想家所说的，"如果他是正确的，他不可能太激进。如果他是错误的，他不可能太保守"。还有就是他学以致用，学问哪怕做得再深奥都要注重实效，学问归根到底是要用于造福人类的。对于中国学者来说，研究学术要抱着造福人民的想法，思想观点要用于司法的进步，服务司法的改革。他说过写论文哪怕写得很理论，做学问千条万条，最后要落实于造福社会。做学问哪怕黑格尔的辩证法、爱因斯坦的相对论，写得大家都看不懂，也是为人类服务。不是为学问而学问，我们研究学术直接为司法的进步服务，为司法改革服务。他概括的这句教学生做学问的格言不是一时之想，而是他多年来自己的学术人生体会。

　　陈光中教授的经历每 20 年算是一个阶段，每一个阶段都有国家命运和个人命运的相互映衬。时代的作用造福了他跌宕起伏的人生，在他 70 年执教生涯当中，学术思想是他的重心所在。他自小就立志在人生三大功业之中，以立言为毕生的追求，这个愿望曾经在特殊历史时期受到挫折，经过苦寒之后便是几十年的顺水推舟。几十年来他自有定力与罗

---

　　* 陈光中教授指导的 1997 级博士研究生，清华大学法学院教授。

盘，一路走来始终追随着少年时期的梦想，把学术当成自己的职业，终成一代法学巨擘。陈光中教授写过一首诗，对自己的事业追求进行了概括，诗是这样说的，"风雨阳光八十秋，未敢辜负少年头。浮生九旬传经学，法治前行终身求。"这首诗展现了先生一生的执着追求，我想这首诗一定会鼓励他的弟子们像先生一样为民主、自由、法治、人权而做出不懈的努力。范仲淹曾经说过，"云山苍苍，江水泱泱，先生之风，山高水长"。在此再次祝贺先生执教70周年，谢谢先生的苦心栽培！谢谢！

张　毅*

大师之学传道授业，先生之心立德育人
——在"陈光中教授执教理念与实践研讨会暨
陈光中教授执教七十周年座谈会"上的发言

尊敬的导师陈光中先生、各位领导、各位老师、各位嘉宾：

光中先生，我的导师，1952年毕业于北京大学法律系后任教，至今刚好70周年。70载桃李满天下。作为法学大家，作为全国第一位诉讼法学博士研究生导师，先生仅培养的博士研究生、博士后就有120多人。因此，在今天这样一个值得庆祝的特殊日子，能够作为先生的学生代表之一发言，我感到非常荣幸。首先请允许我向光中先生、我敬爱的导师送上最真挚的感谢和祝福。

先生兼具大师风范、法治情怀，人品高洁、治学严谨，教学科研育人成就卓著，影响广远，曾任中国政法大学校长，是我国著名的法学家、法学教育家。作为先生的学生，我感受最深的有三个方面：

第一，先生治学高度关注现实、关注实践，是坚持和践行理论联系实际的典范。先生认为："刑诉法是门实践性很强的学科，做学问不能只在书斋中坐而论道。"敏锐的问题意识和强烈的现实关怀是先生治学的显著特点。几十年来，围绕解决我国刑事诉讼制度建设和司法实践中的突出问题，先生从中国实际和国情出发，着眼健全完善具有中国特色的科学的刑事诉讼制度体系，在大量实地调研和深入理论研究的基础上，提出了改革完善我国刑事诉讼指导思想、基本原则和有关具体制度的一系列意见主张，在法律法学界引起很大反响，许多意见建议得到中央有关司法改革文件的吸纳和确认。特别是1996年受全国人大常委会法工委委托，先生主持起草的《中华人民共和国刑事诉讼法〈修改建议稿〉》，以其科学性、严谨性和高质量为我国刑事诉讼制度的改革完善和发展进步做出了重要贡献，尊先生为中国刑事诉讼法学领域第一人，先生实至名归。

第二，先生治学站位高、格局大，在把握刑事诉讼法学研究的前进方向和时代课题上展现了卓越水平，为我国刑事诉讼法学学科体系的构建、完善和发展做出了杰出贡献。正是在先生的规划指导和主持推动下，立足中国政法大学这一诉讼法学研究高地，推出了我国刑事诉讼法学研究的一系列重大项目、课题和成果，从刑事诉讼法哲学到应用刑事诉讼法学，从刑事诉讼目的、价值、构造到刑事诉讼具体程序制度，从中国刑事诉讼法学到外国和国际刑事诉讼法学，等等，近几十年来，我国刑事诉讼法学的发展繁荣凝结着先生独

* 陈光中教授指导的1998级博士研究生，海南省人民检察院检察长。

有的操劳和智慧。先生是公认的我国刑事诉讼法学的开拓者和重要奠基人。

第三，先生治学注重坚持正确的世界观和方法论，注重坚持辩证思维和系统观念，提出的系列重要理论和思想观点理性、中肯、稳妥，彰显了科学精神。先生很早就敏锐深刻地提出刑事诉讼是个矛盾集合体，在相互对立的价值和利益中不能断然非此即彼、厚此薄彼，而应注重平衡、统筹兼顾，在此基础上提出了深具引领和启迪意义的动态平衡诉讼观，包括打击犯罪与保障人权相结合、实体正义与程序正义并重、客观真实与法律真实相平衡等重要刑事诉讼理念。近30年从事政法实务工作的经历使我真切认识到，先生的系列刑事诉讼法学思想高度契合我国经济社会发展和政治法治建设所坚持的统筹兼顾、协调融通、积极稳慎思维，是对促进全面依法治国特别是刑事法治建设着实具有引领支撑作用的正确的务实管用理论。

先生执教70年，对学生不仅传道解惑，更言传身教，总能让学生如沐春风、受益匪浅。就我本人来讲，我很幸运能够成为先生的门下学生。在我跟随先生求学和攻读博士期间，先生给予了我师长的无私教诲和慈父般的真情关怀，即便在我离开法大参加工作以后，先生还一直关心和支持着我，多次安排我参加先生主持的有关重要课题研究。多次对我从事的岗位工作给予亲切鼓励和指导。多年来，先生身体力行，以自己的经历、修为和所达到的人格与治学高度，教育、引领我做人要讲品行，要正直、诚实；做事要讲认真，要踏实、稳当；做学问要讲严谨，要虔诚、专心；做工作要讲责任，要勤勉、担当。先生给予我的教诲和培养是我今生永远的财富，使我受益良多、受益无穷。我永远感恩先生！

最后，借此机会，再次向我敬爱的导师光中先生致以最美好的祝愿，祝先生寿比南山，永远幸福安康！

卫跃宁、魏家淦*

陈光中法学研究成就综述

陈光中教授是我国著名法学家、法学教育家和刑事诉讼法学的创始人之一，其学术成就与道德文章堪为学界风范。喜逢先生执教 70 周年庆典，为了呈现其对刑事诉讼理论、立法及司法制度等方面的贡献，我们通过对先生重要学术作品的研读，并结合先生参与立法、举办讲座、出席会议等活动经历，斗胆对其重要的法学研究成就进行总结，也许挂一漏万，望各位前辈、同仁、师兄、师姐、师弟、师妹提出宝贵意见！同时谨以此文祝贺先生教龄已满古稀之喜，祝愿先生健康长寿！

一、陈光中先生：中国刑事诉讼法学的开拓者和重要奠基人

（一）白泉少年、显露头角

92 年前，陈光中先生诞生于浙江省永嘉县楠溪江西岸的白泉村。相传先生的故乡白泉村内有水井，井中之水洁白如玉，因而得名。这里溪水潺潺、竹林盘桓、风光旖旎。曾有诗人描绘道："溪山第一溯珍川，渠水潆洄出白泉。"

先生自幼天资聪慧、志向高远，学习成绩始终名列前茅。在白泉小学读书时，先生白天学习于学校课堂，晚上回家由堂伯父（清朝举人）继续教授古诗文，小学毕业时，他已能背诵《出师表》《陈情表》《赤壁赋》等古文古诗名篇，并最终以第一名的成绩考入济时初级中学。初中毕业时，先生再次以第一名的成绩考入永嘉县立中学，他在中学时代就认为一个人不应该庸庸碌碌，虚度一生，应当在"立功、立德、立言"上有所建树，根据个人的性格、爱好，他选择报考文科，立志从学术上为国家的民主法治做出贡献。高中毕业后，先生以奖学金名额同时考取了清华大学以及原中央大学法律系，因时局原因就近入读原中央大学法律系。入学两年后，又通过考试转学至北京大学法律系。北京大学毕业之际，先生申请到人民大学读研，但时任法律系主任费青教授找其谈话，希望他能够留校担任助教，这对于北京大学学子而言是一种莫大的荣誉，先生欣然应允，并从此踏上三尺讲台，开始法学教育与学术研究的一生。

（二）结缘刑诉、倾心法研

1952 年夏季，时值全国进行高等学校院系调整工作，北京大学法律系与其他几所大学的相关专业合并成立北京政法学院，陈先生也随之调整到北京政法学院工作。1954 年，学院开始全面建立法律学科，先生接受组织安排，开始担任刑事诉讼法学的教学工作，并从

* 卫跃宁，陈光中教授指导的 1998 级博士研究生，中国政法大学刑事司法学院教授；魏家淦，陈光中教授指导的2022 级博士研究生。

此与刑事诉讼法学结下了一生之缘。当时的刑事诉讼法学对于先生，乃至中华人民共和国而言，一切皆是从零起步，根据当时的国家政策，要完全学习苏联的模式，使用苏联的教科书进行教学工作。1955 年，学校聘请了来自苏联的刑事诉讼法学专家，先生一面向其学习苏联的刑事诉讼法学，一面协助其进行研究生班的教学。这期间，先生在当时政法界唯一的国家级刊物上发表了第一篇论文《苏联的辩护制度》，并参与了司法部组织的第一本中国刑事诉讼法学教学大纲和中国刑事诉讼法学教材的编写。先生又先后撰写出版了《刑事证据理论》《中国古代司法制度》《外国刑事诉讼程序比较研究》等在国内开先河的著作。1984 年，中国法学会诉讼法学研究会成立，先生连续四届被推选为会长，卸任后继续长期担任中国法学会刑事诉讼法学研究会名誉会长。1986 年，经国务院学位委员会批准，先生成为了我国第一位诉讼法学博士研究生导师，迄今为止，他共培养出博士研究生 115人。先生一生倾心法研，笔耕不辍，先后出版专著、教材 60 余部，他主编的教材《刑事诉讼法》为全国法学类高校或院系普遍使用，发表文章 300 余篇，其中发表在《中国社会科学》《中国法学》《法学研究》中的论文共计 33 篇。他还先后主持了国家哲学社会科学基金"六五"重点课题"中国刑事诉讼程序研究"、"八五"重点课题"中国诉讼制度研究"、"2011 计划"国家司法文明协同创新中心项目"中国司法制度的发展与转型"等多项国家级科研项目。由于先生在学术上做出了杰出的贡献，2000 年《法制日报》把他选定为"中国 20 世纪的大法学家"加以介绍，2001 年中国政法大学授予他"终身教授"的称号，美国耶鲁大学法学院教授葛维宝曾赞扬他是一位具有国际影响的世界级法学家，国内法学界以及《光明日报》等媒体则誉称他为"刑事诉讼法学泰斗"。

二、陈光中先生的主要法学成就

（一）开拓刑事诉讼法学基础理论

学科的基础理论是学科研究的导向，先生在科研中特别重视刑事诉讼法学基础理论的研究，他认为刑事诉讼法学研究不可囿于注释式的研究方式。他通过撰文以及指导研究生论文等方式，在刑事诉讼价值、目的、构造等基本理论方面进行了深入探讨。

1. 刑事诉讼价值观。刑事诉讼是个矛盾的集合体，如何正确处理相关矛盾是刑事诉讼亟待解决的关键基础理论问题。为解决这些问题，先生经过长期的思考，根据哲学上的平衡论、对立统一观，遵循刑事司法规律，结合刑事诉讼实践，提出动态平衡诉讼观，具体包括程序公正与实体公正并重、惩罚犯罪与保障人权相平衡、客观真实与法律真实相结合、控辩对抗和审判中立相统一、诉讼公正与诉讼效率之间的合理平衡。这些平衡并非是静态而是动态的，他们在平衡与不平衡之间循环往复，推动了刑事诉讼制度的发展。

在这些具体的平衡中，先生尤为重视程序公正与实体公正的动态平衡。他认为，程序公正与实体公正如车之两轮，鸟之两翼，互相依存，互相联系，不能有先后轻重之分，更不能有程序本位主义。如果以程序为本位，必然否定或基本否定程序为实体服务的作用，必然主张程序绝对优先，这不仅不符合我国实际，而且不符合诉讼规律。当二者发生矛盾时，在一定情况下，应当采取程序优先原则，例如，非法证据排除规则、程序的终局性等。但在某种情况下，又应当采取实体优先的原则，例如，非法证据的自由裁量规则。又如由于错误地认定事实或适用法律，造成错判错杀，冤枉无辜，一旦发现就必须纠错平反，并且给予国家赔偿，而不受终局程序和任何诉讼时效的限制。

2. 刑事诉讼目的观。刑事诉讼目的是刑事诉讼法学的一个基本理论范畴，也是刑事诉讼立法与司法活动的基点，刑事诉讼作为国家专门机关按照法定程序办理刑事案件的特殊活动，就是要将刑事诉讼目的付诸实现。先生在 20 世纪 90 年代率先提出，我国刑事诉讼的直接目的为实现国家刑罚权与保障人权的统一。实现国家刑罚权是指通过刑事诉讼活动，在准确、及时地查明案件事实真相的基础上对构成犯罪的被告人正确适用刑法，惩罚犯罪；保障人权是指在刑事诉讼中，保障公民的生命权、自由权、平等权和财产权等合法权利，以及刑事诉讼法为保障这些权利在诉讼中不受侵犯而赋予被告人及其他诉讼参与人的诉讼权利。实现国家刑罚权与保障人权构成了刑事诉讼法直接目的两个方面的对立统一体，应将两者结合，不可片面强调一面而忽视另一面。

先生还认为，与西方国家相比，我国刑事诉讼目的体现出我国刑事诉讼对秩序、公正、效益等相互联系着的多方位诉讼价值的追求。实现国家刑罚权以 "客观真实" 的证明标准为前提，即要求真正查明案件客观事实真相。保障人权的范围不仅包括被告人的人权，还包括被害人及其他诉讼参与人的人权。

3. 刑事诉讼构造观。刑事诉讼构造是由一定的诉讼目的所决定的，并由主要诉讼程序的一系列诉讼方式所体现的控诉、辩护、裁判三方的法律地位和相互关系。先生认为，科学而合理的刑事诉讼构造才能保证实现司法公正，现代法治的刑事诉讼构造应贯彻控审分离、控辩平等对抗、审判方居中裁判的原则。他主张刑事诉讼中应当包括两个三角构造：一个是在审判阶段中，控辩平等对抗，法官居中裁判的大三角构造。他认为我国的审判程序存在着控辩失衡的倾向，亟需通过改革予以纠正。另一个是在审前阶段，应形成由侦查机关、犯罪嫌疑人以及中立的裁决者组成的三方构造，这样才能对侦查机关和犯罪嫌疑人发生的争议进行公正的裁决，才能对侦查机关进行有效的监督、切实保障审前阶段犯罪嫌疑人的人权。

此外，他还认为职权主义和当事人主义这两种诉讼构造各有长短，两者适当结合最有利于实现我国刑事诉讼的目的，应吸收西方两大诉讼构造的长处来改革我国的刑事诉讼构造。我国的刑事诉讼构造近似大陆法系的职权主义，应当吸收当事人主义的一些做法，同时又不能完全照搬，应保持法官在庭审中有限的主动性。

(二) 完善刑事诉讼基本制度

刑事诉讼法又称 "小宪法"，它的内容主要涉及打击犯罪与保障人权。刑事诉讼基本制度完善的敏感度要远大于刑法，在权力制约以及人权保障的问题上，学者与实务部门的认识不一致，导致了较大的分歧。先生关心民瘼，较早地主张建立刑事赔偿制度，倡导无罪推定原则，强调被害人权利保障，力主律师在侦查阶段介入等。

1. 完善辩护制度。辩护制度是一个国家司法制度是否民主、法治、文明的重要标志。先生早在 20 世纪 50 年代发表的第一篇学术论文中就通过介绍苏联的辩护制度主张在中华人民共和国建立辩护制度。之后又通过撰写相关文章力主不断完善我国的辩护制度。他提出，应完善侦查阶段的律师辩护，明确侦查阶段律师的地位是辩护人，履行辩护职能，同时应从侦查阶段开始赋予律师调查取证的权利；律师在会见犯罪嫌疑人时，除法定情况外，无需办案机关的批准可以直接会见，同时应对律师会见期间 "不被监听" 进行扩大化解释，即包括不得利用监控设备对律师与犯罪嫌疑人、被告人的谈话进行监督，而且侦查人员也不得在场；扩大律师在刑事诉讼各个阶段的阅卷范围，保障律师能够进行有效辩护。先生也是我国最早主张建立法律援助制度的学者之一，他建议对可能判处死刑的案件，应当全程实行法律援助。

2. 确立无罪推定原则。无罪推定是现代法治国家的一项重要刑事司法原则，指任何人在未被依法确立有罪之前，应当被推定为无罪的人。先生早在 20 世纪 80 年代就撰文主张批判地继承无罪推定原则，他认为无罪推定是针对疑案所作的有利于被告人的法律推定，这种推定并不一定与实际相符，但在个案中有时很难达到不枉不纵的要求，从权衡利弊的角度出发应从宽处理。只有这样才能切实保证侦查、审判人员客观全面地收集各种证据，保障被告人行使辩护权，保证对被告人的有罪判断建立在证据确实、不可推翻的基础上，保证正确地惩罚犯罪分子，保证无罪的公民不受刑事惩罚，有助于使冤假错案减少到最低程度。在他的推动下，1996 年《中华人民共和国刑事诉讼法》修正时规定："未经人民法院依法判决，对任何人都不得确定有罪"，这一规则吸收了无罪推定原则的基本内核，但先生认为这一规则侧重于人民法院的定罪权，并未强调被指控人推定无罪所应享有的诉讼权利。他主张参照联合国《世界人权宣言》和《公民权利和政治权利国际公约》中的有关规定，将法条进一步修改为"任何人在人民法院依法确立有罪之前，都应当被推定为无罪"。

3. 确立和完善刑事和解制度。刑事和解是一种新型的刑事问题解决机制，能有效体现宽严相济的刑事政策，促进社会的和谐、公正、效率等多种价值的平衡。先生认为，作为一种重要的诉讼理念和机制，刑事和解应当作为刑事诉讼中的一项基本原则加以确立，其适用应当有更为宽广的思路，提倡在刑事诉讼中尽量适用刑事和解。其应当贯穿于侦查、起诉、审判和执行的刑事诉讼全过程，不论刑事诉讼到了哪个阶段，只要有和解可能的就应当促进实现，刑事和解不仅可以适用于轻罪案件，也可以适用于重罪乃至可以判处死刑的案件。他还指出，在建立和解制度的同时，必须建立相应的监督机制，将弊端减少到最低限度。首先，在侦查阶段，侦查机关因和解而撤销案件的情况应当报检察机关备案，主动接受检察机关的监督；其次，在起诉阶段，我国应当借鉴日本的检察审查会制度，对不起诉进行必要的监督；最后，在审判阶段，应当公布影响判决的和解因素，接受公诉机关和社会舆论的监督。通过以上措施，有利于充分发挥刑事和解制度化解社会矛盾，构建和谐社会的司法制度功能。

4. 完善刑事强制措施。刑事强制措施直接关系到公民人身自由权的维护，鲜明地体现出一个国家的民主和法治程度。为了适应社会转型的需要，解决司法实践中存在的客观问题，缩小与联合国刑事司法准则的差距。先生指出：我国应该对逮捕措施的适用程序、监视居住制度进行改革，对超期羁押问题设立配套制度予以防治，协调"两规"等行政措施与刑事强制措施之间的关系。针对司法实践中监视居住措施异化，被追诉人常常被变相拘禁，先生认为，应当从以下几个方面入手对监视居住制度进行完善：一是限制监视居住的对象范围，只有当被追诉人在办案机关所在地没有固定住处、确有流窜作案可能的，才可予以适用；二是完善监视居住的适用程序，缩短监视居住的期限；三是明确被监视居住人的权利。关于逮捕制度，应从严格控制适用的角度出发进行完善：第一是提高逮捕的条件，将逮捕措施的适用标准由"对有证据证明有犯罪事实"修改为"对有确实证据证明有重大犯罪嫌疑"；将"可能判处徒刑以上刑罚"修改为"可能判处 3 年有期徒刑以上的刑罚"。第二是实行令状主义和司法审查制度，被逮捕人对人民检察院的批准逮捕决定不服，其可以向人民法院申诉，并由法院作出最终裁决。

5. 完善不起诉制度。第一，改革酌定不起诉制度。先生指出，我国司法实践中，酌定不起诉的适用比率还相当低，主要原因在于酌定不起诉的适用范围过窄。他认为，对酌定不起诉的现有范围可作较宽的解释，不论轻罪还是重罪，只要其犯罪情节轻微，就可适用酌定不起诉。酌定不起诉的适用程序繁琐，检察机关应进一步简化其运作程序，试行听证程序，加强酌定不起诉程序的透明度。此外，他建议完善酌定不起诉的救济机制，拓宽被不起诉人的救济途径。

第二，增设附条件不起诉制度。因检察机关对青少年犯罪斟酌处理的客观需要，先生提出有必要在现有的不起诉种类外增设"附条件不起诉"这一不起诉形式，以改善检察机关起诉裁量权过小的现状，进一步发挥起诉便宜主义的功效。同时，附条件不起诉制度可使犯轻罪的少年犯等群体不被贴上罪犯的标签，以促使其积极地表现、重返社会，有利于公共利益。在具体制度的设计上，先生建议应设定1至3年的考验期。在考验期内，被不起诉人也需具结并履行书面悔过、向被害人道歉、对被害人的损失作出赔偿或者给予被害人补偿等特定义务，最终检察机关应根据被追诉人的年龄、性格、境况、犯罪性质和情节、犯罪原因以及犯罪后的悔过表现等因素加以裁量，作出是否不起诉的决定。

6. 完善刑事二审程序。我国刑事二审程序在惩罚犯罪和保障人权方面发挥了重要作用，但先生指出，刑事二审程序在权利救济和保障公正方面的功能尚未全面发挥出来，1996年《中华人民共和国刑事诉讼法》对二审程序的改革存在缺憾。为充分发挥二审程序的功能，他提出：其一，应当坚持全面审查原则，这样既保证了两审终审制的实现，也有利于保障被告人的权益；其二，扩大二审开庭审理的范围，规范二审证人出庭，合理配置二审法院的庭外调查权；其三，修改上诉不加刑原则，将上诉不加刑原则相应地改为"禁止不利于被告人变更原则"，增加规定检察机关为了被告人利益提起抗诉也适用这一原则；其四，改革发回重审制度，规定重审案件也适用上诉不加刑原则，增设一审管辖错误以及应当出庭作证的证人未出庭这两种发回重审的理由。唯有如此，刑事二审程序才能更加民主化、法治化、科学化。

7. 死刑政策与死刑复核程序的完善。死刑作为剥夺罪犯生命的最严厉的刑种，在世界范围内，限制、废除死刑的适用已经成为一种发展趋势。先生认为，我国正处于社会转型时期，废除死刑的条件还不成熟，但应严格限制死刑，贯彻慎杀、少杀的死刑政策，防止死刑泛滥而逾越其合理存在的"度"应成为我国死刑立法、司法的立足点。我国死刑改革的发展方向应是逐步地减少死刑数量，为将来废除死刑创造条件。

在死刑复核程序的问题上，先生认为，最高人民法院应当还原立法本意，尽快收回高级人民法院的死刑核准权，这既是维护法律权威的要求，也是统一死刑案件的适用标准，真正发挥死刑复核程序核准作用的应有之义。2007年，在死刑案件核准权收归最高人民法院后，先生认为死刑复核程序应向诉讼化方向进一步完善：其一，必须允许律师或其他辩护人参加死刑复核程序，对于无力聘请辩护律师的，国家应当提供法律援助；其二，法官应当到当地讯问被告人；其三，如果在事实证据上存在疑问，必要时法官应当到案发现场调查；其四，检察机关作为公诉机关和法律监督机关，在必要时也应当参与；其五，控辩双方对案件关键事实有争议的，法官可以到被告人的羁押地进行听审。以上部分主张被修正后的《中华人民共和国刑事诉讼法》采纳。先生还认为，死刑复核程序未来的改革方向应是将其取消，代之建立死刑案件的三审终审制，从而能够从根本上消除其弊端。

8. 改造审判监督程序。审判监督程序又称"再审程序"，是对已生效裁判的错误进行纠正的特殊救济程序。先生认为，一味地强调实体真实容易忽视程序公正，其结果又可能导致实体不公，且在司法实践中由于程序的保障和资源的有限性也不可能完全贯彻这一指导思想。现代刑事再审程序必须把追求公正、纠正错判和既判力理念、禁止双重危险规则结合起来，区分有利于被判决人的再审和不利于被判决人的再审。针对在性质上将无罪错判有罪或定罪量刑畸重的情形，均可以提起有利于被判决人的再审。至于不利于被判决人的再审理由，应严格限于：严重犯罪漏判的；侦查人员、检察人员、审判人员在办案过程中有索贿受贿、徇私舞弊、枉法处理行为，以及被判决人方串通证人、鉴定人作伪证、虚假鉴定所导致错判无罪、重罪轻判、量刑畸轻的情形。他还认为，再审程序的具体设计也不能只强调程序的终局性而不注意纠正生效裁判的实体错误，特别是对无罪错判有罪的已生效裁判，在重新查明案件事实真相后，任何时候都必须加以改判平反，还无辜者以清白。

9. 建立刑事赔偿制度。在 20 世纪 80 年代中期，先生就率先关注和倡导建立我国的刑事赔偿制度。他指出，为了进一步发展社会主义民主，健全社会主义法治，加强司法人员的责任感，减少不必要的争讼，应尽快建立刑事赔偿制度，以使宪法和民法的有关规定具体化，保护公民的合法权益。同时他还对刑事赔偿的条件、刑事赔偿的范围和标准、刑事赔偿金的支付、刑事赔偿案件的管辖进行了具体的设计，这些观点大多被 1994 年通过的《中华人民共和国国家赔偿法》吸收。之后根据法治建设的发展，先生进一步指出，刑事赔偿规则原则上应当以结果责任为主，辅之以违法责任原则。刑事赔偿范围应当扩大，超期羁押，错误取保候审和监视居住，轻罪重判，无罪的人被判处管制、有期徒刑缓刑、剥夺政治权利、不作为造成损害结果的案件以及精神损害赔偿应纳入刑事赔偿范围，对于错误逮捕和疑罪从无的案件适用结果责任原则进行赔偿。在刑事赔偿程序中，赔偿义务机关与侵权行为机关应当分离开来，由特定的赔偿义务机关支付赔偿金，同时应简化确认程序并与协商相结合，取消复议程序，在刑事赔偿争议裁决程序中引入听证程序，增加申诉程序。上述观点不少为 2010 年通过的《中华人民共和国国家赔偿法修正案》所吸收。

（三）力推我国的司法改革

先生始终力推司法改革，他发表的两篇力作《关于深化司法改革若干问题的思考》以及《比较法视野下的中国特色司法独立原则》，较为系统地表述了他对于司法改革的主张，他提出深化司法改革必须遵循司法规律，严格适用法律、遵守法定正当程序，保证司法的亲历性和判断性，维护司法的公信力和权威性。

1. 确保依法独立行使检察权、审判权。先生认为，审判、检察独立是实现司法公正的首要保障，是树立司法权威的必要条件。也是法官职业化的题中之义。审判、检察独立是由司法活动的特殊性及其内在运行规律所决定的，是国家实行法治所不可缺少的重要条件。为确保审判、检察独立的有效实施，他提出：其一，应当坚持和改善党对司法工作的领导，党组织（包括党委和政法委）对司法工作的领导主要是方针、政策的领导和组织领导，原则上不宜具体参与办案工作；其二，应当明确纪检监察机关与司法机关的关系，二者不是领导与被领导的关系，而是协调与配合的关系；其三，应理顺权力机关监督与司法机关独立行使职权的关系；其四，为保障检察权、审判权的独立行使，应当落实十八届三中全会关于"推动省以下地方法院、检察院人财物统一管理"等有力保障司法机关独立行使职权的措施。

2. 以审判为中心与庭审实质化改革。先生指出，"以审判为中心"的内涵应当从三个维度来解读：其一，审判中心是从最终认定被告人是否有罪这一权力由人民法院行使的角度而言；其二，审判中心要求庭审实质化并起决定性作用；其三，审判中心意味着侦查、起诉阶段为审判作准备，其对事实认定和法律适用的标准应当参照适用审判阶段的标准。推进以审判为中心的诉讼制度改革，应当从当前的司法实践出发，进一步推进证人出庭制度改革。他建议：立法应重新确定必须出庭证人的范围：第一，规定公诉人、当事人或者辩护人、诉讼代理人对证人证言有异议，且证人证言对案件定罪量刑有重大影响的，则该证人应当出庭；第二，规定可能判处死刑或者有重大社会影响的案件中的重要证人应当出庭；第三，删除现行《中华人民共和国刑事诉讼法》第195条中关于允许当庭宣读不出庭证人证言笔录的规定。此外，应遏止司法行政化倾向，进一步规范审委会、院庭长与合议庭的关系，规范上下级法院的关系。司法绩效考评制度应当进行科学化、合理化的改革。同时应塑造高素质、有权威的司法官，继续推动司法官职业化，提高司法官待遇，延长司法官的聘任时间，对司法官特别是领导干部的遴选应当更加规范。

3. 建立判例制度。先生认为，中国的判例制度有着悠久的历史，是古代封建法制的一个重要组成部分，而且世界各国的法治建设经验证明判例制度是必要的。他早在20世纪80年代就提出我国应建立判例制度，这样有助于弥补立法的空白和不明确之处，有助于统一执法标准，有助于加强判决的适时性，有助于为立法工作创造条件，有利于普及法制宣传教育。判例制度在我国法律体系中居于辅助地位，它同现行的法律规定并不抵触。最高人民法院拥有司法解释权，其也是唯一可创制判例的主体，运用判例的方式来进行司法解释，可以更有效地具体指导地方各级人民法院的审判工作。判例的创制应当经过编纂、认可、公布、确认约束力、废除或修改、监督等程序。建立判例制度也必然涉及与其相关的法律制度和其他制度的变革，应取消类推制度，将其纳入判例制度的范畴；应改革法院判决书的内容，在判决书中适当叙述控诉方和辩护方意见，并详细叙述判决的理由。

（四）探索刑事证据制度

证据是司法公正之基石，证据制度是诉讼制度的核心问题。先生早在20世纪80年代初便开始了对证据制度的研究，出版了我国第一本证据理论专著《刑事证据理论》。随着我国社会主义法治建设的发展，现有的刑事证据制度已无法满足现实的需求，亟需进一步完善，于是他开始深耕刑事证据理论，着力推进我国刑事证据制度的现代化。

1. 客观真实与法律真实相结合的诉讼真实观。先生认为，辩证唯物主义认识论和价值论是我国刑事证据制度的理论基础，刑事诉讼中认定案件事实本质上属于认识活动，应坚持认识论对刑事证据制度的指导作用。刑事诉讼证明的目的是要努力查明案件事实真相、达到诉讼客观真实。案件事实本质上具有过去性、客观性等特点，司法人员运用证据对案件事实的认定在一定的范围内能够达到符合客观事实。客观事实是相对真实与绝对真实的辩证统一。但诉讼活动不仅要查明事实真相，还应体现程序公正、效率等多元价值，因此价值论也是刑事证据制度的理论基础。

先生还强调，坚持客观真实是实现实体公正的先决条件，是提高司法裁判权威性的应有之义，同时坚持法律真实也体现了程序正义等多元的价值观，推动了刑事证明理论的发展。由于诉讼证明的复杂性，诉讼价值追求的多元性，刑事证明不可只制定单独的证明标准，而应构建层级性的证明标准，这样就必须适用法律真实原理。但若只追求法律真实，则不利于司法工作人员准确认定案件事实，增加冤假错案的风险。因此，不能以法律真实取代客观真实，也不可走向主观主义否定法律真实，将法律真实与客观真实相结合是理性之选。

2. 刑事证明理论。刑事证明理论具体包括证明对象、证明责任、证明标准等具体问题。关于证明对象的问题，先生认为，证明对象的范围应包含案件实体事实和程序事实两个部分。证据事实不应列为证明对象，其只是证明案件实体事实或程序事实的手段，且根据个案情况，部分证据事实没有查证的必要。

对于证明责任的问题，先生主张对控辩双方的刑事证明责任进行区分，包括举证责任和公安司法机关的证明职责。公安司法机关的证明责任指其在对犯罪嫌疑人、被告人作出处理性决定时必须提出证据证明案件事实的责任，它要解决的是国家专门机关在追究犯罪时与犯罪嫌疑人、被告人的关系问题。而举证责任是指在法庭审理阶段控辩双方对法庭是否承担提出证据的义务。在我国刑事诉讼中，不论公诉案件或自诉案件，犯罪嫌疑人、被告人都不承担举证责任，即没有义务提出证据证明自己无罪。但在巨额财产来源不明案中，犯罪嫌疑人、被告人负有证明自己无罪的举证责任。此外，法院也应承担一定的证明责任，其在特定范围内具有主动调查、核实证据的职权，对起诉书指控的犯罪事实本身负有核实、查明的义务，但这并不等于法院可以取代控辩双方的证明责任。

对于证明标准的问题，先生认为，我国"犯罪事实清楚、证据确实充分"的证明标准符合我国本土的诉讼文化和语言表达习惯，不可被西方各国的证明标准取代。我国的刑事证明标准要求裁判者主观上根据确实充分的证据达到对客观犯罪事实的清楚认识，从而最大程度地实现主观认识与客观事实的统一。同时，我国也应构建多层次的证明标准体系，在被追诉人是否具有犯罪行为等主要案件事实上应得出唯一结论；对部分次要犯罪事实可适当降低标准，可适用推定；对案件的程序性事实可采用较大优势的证明标准。

3. 完善刑事证据原则和规则。为了尽早实现我国证据制度的科学化、法治化和人性化，先生主张借鉴国际上的相关原则与规则，通过立法确立、完善我国的证据制度。在证据原则方面，首先，应确立无罪推定原则。参照国际上的通行表述，针对现行《中华人民共和国刑事诉讼法》第 12 条这一不到位的规定，修改为"凡受刑事控告者，在未依法证实有罪之前，应有权被视为无罪"，并应坚决贯彻"存疑时有利于被指控人"的规则。其次，应完善证据裁判原则。证据裁判原则是现代法治国家刑事诉讼中认定犯罪事实时必须遵循的原则。证据裁判原则要求以口供以外的证据作为认定案件事实的主要根据，证据必须具有真实性、合法性、关联性。证明标准中"事实清楚"是主观标准，"证据确实、充分"是客观标准，"排除合理怀疑"的标准应要求对案件的主要事实达到结论的唯一性。最后，应完善不得强迫自证其罪原则。我国现行立法既规定了不得强迫自证其罪原则，又规定了被追诉人如实回答义务，这在法理上是矛盾的，不利于人权保障，应删除这一义务性规定，并创造条件确立相对沉默权。

在证据规则方面，先生建议通过立法确立以下规则：非法证据排除规则；证人拒绝作证特权；传闻证据规则；补强证据规则；等等。对于非法证据排除规则，他主张确立绝对的非法言词证据排除规则，即通过刑讯逼供或变相的方式获取的犯罪嫌疑人供述、证人证言等一律排除，不具有证据效力。实物证据则由于其具有不可替代性而应采取裁量排除原则，即根据违法程度、案件的性质、公益保护等因素综合加以酌情考虑，具有一定的弹性。在非法证据排除的举证责任和证明标准上，当犯罪嫌疑人、被告人及其法定代理人、辩护人认为指控犯罪的证据为非法取得并提出相关线索时，侦查机关、检察机关应当提供证据证明其为合法取得，其证明标准为确实充分，至少要达到证据明显优势。

（五）重视古代司法制度的批判与借鉴

我国古代的法律文化根植于古代社会的经济基础，服务于君主专制的政治统治，尽管有大量的封建专制主义糟粕，但也有一些优秀的遗产。先生对我国古代司法制度进行了深入研究，早在20世纪80年代初，他出版了《中国古代司法制度》一书，该书是中华人民共和国成立以来系统研究古代刑事诉讼的开山之作，书中对中国古代的神明裁判、强制措施、证据制度、法庭审判、上诉、复审和复核制度等问题都进行了深入研究。他将中国古代司法制度的特点概括如下：其一，君主专制司法；其二，贵贱尊卑不平等司法；其三，仁政德治司法；其四，监察吏治发达；其五，公正司法；其六，和谐息讼司法；其七，重刑轻民，民事诉讼不够发达。中国古代优秀的司法传统凝聚着古代统治者运用司法手段治国理政的智慧和经验，值得今人珍惜和传承，如崇尚明德慎刑、公正断狱、严核死刑、强调治吏监察、重视教化调解等；同时它也体现君主专制主义，反映了传统司法的野蛮与残酷，一些落后的司法制度则需要我们加以批判和摒弃，如司法从属于行政、纠问式诉讼、刑讯逼供、供重于证、罪从供定等。

（六）注重我国与联合国刑事司法准则的衔接研究

在联合国刑事司法准则问题的研究方面，先生率先敏锐地认识到该问题的重要性，他的研究在国内处于先驱者的地位。1998年，他与加拿大专家合作的《联合国刑事司法准则与中国刑事法制》一书出版，是国内研究联合国刑事司法准则在中国的实施问题的开山之作。该书出版两个月之后，我国签署了联合国《公民权利和政治权利国际公约》。他认为，联合国人权准则是人类社会维护人权的共同要求，是从人类社会共同的要求中概括出来的准则，我们应当予以尊重。对于我国已参加或缔结的国际条约，则应当恪守相关义务，不宜与之发生明显不协调的现象。我国现有的刑事法律已在保护人权的方面有了较大的进步，应在此基础上进一步创造条件，努力使我国缔结或参加的国际条约的内容能够在国内真正得以实现，必要时还要对现行法律进行修改，使其能够与国际条约相衔接。

2002年，先生主持起草了《关于我国加入联合国〈公民权利和政治权利国际公约〉的建议书》，他希望通过该建议书促进我国尽早批准和实施《公民权利和政治权利国际公约》，进一步改善我国的人权状况，提高我国的刑事司法文明程度。对于我国批准和实施该公约的条件问题，他认为，随着我国法治建设的发展，我国已基本具备批准和实施公约的条件。对于公约与我国国内法的协调问题，他指出，我国宪法没有对国际法和国内法的关系问题作出原则性规定，将来应当对该问题在法律上加以明确，确立优先适用国际法的原则，尽量把保留和声明条款减少到最低限度。同时，他呼吁我国应积极创造条件，做好必要的准备工作，以争取尽快批准公约。

（七）注重刑事诉讼法学的比较研究

改革开放以来，先生就倡导开展刑事诉讼法学的比较研究，注重本专业国外资料的搜集，注意掌握外国刑事诉讼法的最新动态。他认为一个学者只有对本专业中外的知识大体上了解，才能使自己视野开阔，见解高屋建瓴，具有前瞻性。1988年，他主编了《外国刑事诉讼程序比较研究》一书，这是中华人民共和国成立以来我国法学界第一部系统研究外国刑事诉讼程序的专著。在对待外国法制的问题上，他认为西方法制的有些内容，反映了人类社会文明发展的成果，也反映了立法、司法活动的共同规律，不能以阶级性简单地否定，应在立足我国国情的基础上对其加以借鉴和吸收。尤其是从"二战"结束至今，西方各国在刑事诉讼制度方面有较大发展，部分方面反映了刑事诉讼活动的一般规律和发展趋向，这值得我们重视和研究。20 世纪 90 年代以来，他组织翻译了法国、德国、意大利、美国、英国、俄罗斯等世界上具有代表性国家的刑事诉讼法典和证据法，为我国实务部门及理论界认识、研究外国刑事诉讼法制提供了重要资料。2004 年，他又主编了《21 世纪域外刑事诉讼立法最新发展》一书，较为全面地介绍了世界各主要国家和地区刑事诉讼立法的最新变革动向及联合国相关刑事诉讼的条约。但是，他从不盲目相信西方的法律制度，他认为对外国法的移植与吸收必须同我国的本土国情相协调，不然即使借鉴了国外一些现代化的法律制度，也无法在国内良好地运转。

三、陈光中先生的立法贡献

改革开放以来，我国的法治建设飞速发展，众多法律、法规相继出台。专家参与立法是我国立法工作的成功经验，先生曾受邀多次参加各种立法咨询和征求意见的座谈会，如民事诉讼法、行政诉讼法、国家赔偿法、法官法、检察官法、监察法等，他在部分法律的修改中发挥了重要的作用。

（一）组织《中华人民共和国刑事诉讼法》的修订

1993 年 10 月，先生接受全国人大常委会法工委的委托，牵头组织了《中华人民共和国刑事诉讼法》修改研究组。修改组在进行国内调查、国外考察的基础上，于 1994 年 7 月拟出了《中华人民共和国刑事诉讼法〈修改建议稿〉》，报送全国人大常委会法工委供其参考。该《修改建议稿》的指导思想不是以打击犯罪为主，而是主张惩治犯罪与保障人权相结合，强调加强人权保障。全国人大常委会法工委在征求政法部门意见并参考该建议稿的基础上，经反复讨论修改后提出了《中华人民共和国刑事诉讼法修正案（草案）》，并于 1996 年 3 月被第八届全国人大第四次会议顺利通过。据统计，该建议稿中有将近 65% 的修改建议被《中华人民共和国刑事诉讼法》采纳，其中包括吸收无罪推定的精神，加强被告人、被害人的人权保障，律师提前到侦查程序就介入，取消收容审查等。此次修法也使我国刑事司法制度进一步科学化、民主化，得到国内外的一致好评。

随着国内外形势的发展和建设社会主义法治国家的需要，2003 年 10 月第十届全国人大常委会又将《中华人民共和国刑事诉讼法》的修改列入本届人大常委会的五年立法规划。2004 年，先生主动组织成立了《中华人民共和国刑事诉讼法》再修改课题组，组织专家学者开始了新一轮的研究，并在国内调研、试点工作以及国外考察的基础上，主编了《中华人民共和国刑事诉讼法再修改专家建议稿与论证》一书，并提交全国人大常委会法工委作参考，引起了立法、司法和法学界的高度重视。在此次修改中，他全程参与了相关部门组织的关于《中华人民共和国刑事诉讼法》修改的专家研讨会，并提出了不少有益建议。例如，他所力倡的司法人权保障明确体现在 2012 年修正的《中华人民共和国刑事诉讼法》第 2 条的规定中；他主张的"最高人民法院复核死刑案件，应当讯问被告人"，最后也被立法者采纳（原草案规定"可以讯问被告人"）。其他诸如完善侦查阶段辩护律师的地位与权利，确定非法证据排除规则等主张也在此次修正中得到一定程度的吸收。

在 2018 年《中华人民共和国刑事诉讼法（修正草案）》公布后，先生提出了若干意见供立法机关参考，其中部分建议被立法机关采纳。例如，对值班律师职责由提供辩护修改为提供法律帮助；认罪认罚从宽中，犯罪嫌疑人有重大立功或涉及国家重大利益，公安机关撤案和检察院不起诉的批准权统一由最高人民检察院行使。

先生由于在推动刑事诉讼制度民主化、科学化方面做出的杰出贡献，被海外舆论尊称为"中国新刑事诉讼法之父"。

（二）参与《中华人民共和国宪法》和其他部门法的立法与修改

先生不仅心系我国刑事诉讼法的修改，也积极参与我国宪法及其他部门法的立法和修改。

1999 年 3 月通过了第三次《中华人民共和国宪法修正案》，在修改过程中他是参与全国人大组织的征求意见座谈会的法学教授之一。2004 年 3 月通过了第四次《中华人民共和国宪法修正案》，在此次修改过程中他认为要将"国家尊重和保障人权"写入《中华人民共和国宪法》，此建议最终被立法吸收，修正后的《中华人民共和国宪法》第 33 条第 3 款明确规定："国家尊重和保障人权。"作为司法部《中华人民共和国律师法》修改专家顾问小组成员，先生多次参与了《中华人民共和国律师法》前期修改的座谈会和研讨会，他的有些观点被 2007 年 10 月修订的《中华人民共和国律师法》吸收。该法修改后在保障律师执业权利方面有创新性的突破，因此在实施过程中遇到了较大的阻力，先生力排众议，不惜得罪权贵。

自从中央开展监察制度改革以来，先生高度关注监察立法。2017 年 11 月 7 日，在全国人大常委会正式公布《中华人民共和国监察法（草案）》并公开向社会征询意见后，他本着学者的良知和担当通过媒体率先提出修改意见。2017 年 11 月 11 日，他受邀参加了中国宪法学研究会和中国刑事诉讼法学研究会联合主办的研讨会，并进一步对监察立法提出系统的修改意见。主要意见有三点：其一，修改《中华人民共和国宪法》应先于制定《中华人民共和国监察法》；其二，监察委员会独立行使职权的表述应当与《中华人民共和国宪法》中对人民法院、人民检察院独立行使职权的规定相一致；其三，反腐败也应当注意保障人权，留置的适用应当严格遵循法治程序，并允许律师介入。之后，《人民日报·内部参阅》以《中国政法大学终身教授陈光中等专家认为——〈中华人民共和国监察法（草案）〉存合宪性争议有待完善》为题上报中央。不到 1 周，中央有关会议就强调要"努力使每一项立法都符合宪法精神、反映人民意志、得到人民拥护"。先生对《中华人民共和国监察法》的制定起到了积极的推动作用，部分建议被后来通过的《中华人民共和国监察法》吸收。

四、结语

90 多岁高龄的先生曾在课堂上对学生说："人生难百岁，法治千秋业，我不能休息，活几年就要干几年！"先生这一番话道出了他将自己的一生无怨无悔地奉献给法学教育事业的坦然与豁达。他的一生淡泊名利，不慕虚荣，始终怀着一颗赤诚之心投入学术之中，近 20 载的坎坷经历并没有冷却其满腔的热忱，也没有泯灭其作为法学研究者的良知。从弱冠到耄耋，先生的学术研究从未停止过。他与第一代刑诉学者们共同缔造了中华人民共和国刑事诉讼法学学科，见证了中华人民共和国刑事诉讼法学的成长与繁荣，并使之成为一门备受瞩目的显学，他一生的学术成就其实就是建国 70 年来我国刑事诉讼法学发展的一个缩影。先生的法学研究成就奠定了我国刑事诉讼法学的理论之基，也将会引领我国刑事诉讼法学发展的新未来。

"90后"的先生壮心不已，至今依然活跃在教学和科研的第一线，每年坚持招收博士研究生，并亲自为博士生研究生授课。精神矍铄的他每天还在不停地忙碌着，以实际行动继续在我国的法治建设事业中发光发热，贡献自己的一腔热忱，为青年时期树立的"把我国建设成为一个民主法治国家"之理想不懈奋斗。

杨宇冠[*]

高山仰止，景行行止

——祝陈光中先生执教七十周年

尊敬的陈光中先生和师母，各位同学们，朋友们：

大家好！今天我们共同庆祝陈光中先生执教 70 周年。70 年间，先生教导过许多学生；70 年间，许多人受惠于先生的教导；70 年来，先生为了祖国发展，特别是法学教育事业的发展作出许多杰出贡献。我作为先生的一名弟子，追随先生学习多年，受先生教导和恩惠甚多，谨借此机会敬祝先生健康、长寿、快乐！

对个人而言，70 年很长，比我出生至今的年龄还长，我只见证了陈先生 70 年执教生涯中的一段时光。在这段时光中陈先生的言传身教使我终身受益。陈先生是世界著名的法学家、法学教育家，对法律的诸多方面有精深的研究，其中最为突出的是刑事诉讼法学。陈先生是中国当代刑事诉讼法学的奠基人。陈先生不仅对现行《中华人民共和国刑事诉讼法》的制定和历次修改都做出了巨大贡献，而且对刑事诉讼法学的研究和教学也做出了巨大贡献。他主编的《刑事诉讼法》教科书成为我国刑事司法领域销量最大的法学教材，培育了无数刑事诉讼法学的人才。前年 8 月，陈先生嘱咐我协调一下将这本书翻译成英文在国外出版。这本书有 60 多万字，专业性特别强，对翻译的要求很高，其中许多原则、术语、词汇都具有中国特色。由于先生的强大感召力，有许多同仁和朋友都愿意帮忙，共同完成这项艰巨的翻译任务。根据章节的先后顺序参与翻译的人员有：

中国政法大学郭烁教授

上海财经大学秦策教授

中国政法大学郭志媛教授

中国政法大学卫跃宁教授

北京外国语大学郑曦教授

北京航空大学裴炜教授

中国政法大学肖沛权教授

中国人民公安大学唐彬彬教授

中国人民大学魏晓娜教授

中国政法大学外语学院院长张清教授

---

[*] 陈光中教授指导的 1999 级博士研究生，中国政法大学诉讼法学研究院教授。

中国政法大学鲍文强老师

以上这些老师有较高的法律和外语水平，平常工作也特别忙。翻译这本书需要占用大量时间。但大家知道这是翻译陈先生主编的教材，都慨然愿意参与翻译。陈先生本人在翻译出版这本书中发挥了决定性的作用，首先是他提出了翻译此书的设想，筹措了相关经费，确定了出版社。在翻译过程中，我们遇到重大问题也及时向他请示，他都能很快解决。

我本人也参与了翻译工作，虽然工作量和难度很大，但经过大家共同努力，终于完成了陈先生所交办的任务，经过一整年的努力，此书翻译成英文在国外出版达到840多页，真是一本巨著。我们深感欣慰。据我所知，这是第一本由众多外语专家和刑事诉讼法学者共同翻译成外语的刑事诉讼法学教材，是一个历史性的突破。除了正文之外，这本书还有书中提及的各种中外法律法规中英文名称对照表。中国法学教材翻译成外文在国外出版可以促进我国刑事诉讼法学在世界的传播，同时对于我国法学界人士对外学术交流，对于中国法学院的学生们学习法律和外语也很有帮助。我曾经作为学生和翻译，跟随先生到许多国家考察访问，每到一处，他都要作学术演讲，介绍中国的刑事司法制度，为中外法学交流，特别是刑事司法的交流做了许多贡献。我当然希望能够再次跟随先生到世界各地传播中国的刑事司法成就和经验，但一个人的精力毕竟是有限的，我不知道我自己还能否有这样的机会，这本《刑事诉讼法》英文本的出版可以向世界许多国家传播，而不需要我们逐一去这些国家进行传播了。这是很值得欣慰和庆祝的事情，是功在千秋的事业。

陈先生对国际人权法也有精深的研究，他对联合国《公民权利及政治权利国际公约》进行了系统全面的研究，不仅对该公约与我国刑事诉讼法的衔接提出了建设性的意见。而且对于批准该公约的若干问题进行了深入研究，并提出了重要建议。我有幸跟随陈先生到许多国家考察人权情况，特别是人权公约在各国的实施问题。目前全世界已经有173个国家批准了这个公约，对全世界许多国家的刑事司法产生了重大影响。陈先生对国际人权法，特别是《公民权利及政治权利国际公约》的研究对于人们了解人权、保障人权具有重要意义。

先生已经年逾90，仍然在努力工作、教书育人，作为弟子，希望能为先生的工作帮一点小忙，努力完成先生交办的任务。古语说："高山仰止，景行行止。"我们很难达到先生的高度，但我们要以先生为榜样努力去做，把先生教的知识传下去，以先生为榜样做一个有益于人民的人。再次祝贺陈光中先生执教70周年，祝先生健康、长寿、快乐！谢谢大家！

谭 淼[*]

陈光中先生指导我写博士学位论文

2020 年初春，全国各地出现了"新冠疫情"，这是中华人民共和国成立以来最严重的疫情，全国都按下了"暂停键"。突如其来的疫情，使得先生 90 大寿的祝寿活动不得不推迟，2022 年是先生执教 70 周年的日子，唯愿无情的"新冠疫情"能早日过去，让弟子们有机会能够与先生自由欢聚。20 年前发生过"非典疫情"，那时的我正埋头于撰写博士学位论文。现在遥想当年跟随先生求学的往事，满脑子都是与博士学位论文写作有关的故事。

我的本科和硕士的母校都是中国人民公安大学，这是一所职业特色十分鲜明的高校，一进校接受的教育，就是首先是一名人民警察，然后才是一名大学生。虽然上了大学，但总感觉自己的大学梦还不够圆满。2000 年我报考了先生的博士研究生，希望有机会踏入真正的学术殿堂，在人生最后一次学历教育阶段圆了自己的大学梦。这一次我是幸运儿！获知录取消息后，我就暗下决心，一定要珍惜这 3 年的大好时光，多读书，读好书。

刚入师门，感觉自己就是一个学术小白，一切都得从零开始。先生对于博士研究生的培养一向非常重视，尤其看重博士学位论文写作。在先生看来，博士学位论文是博士研究生综合素质的集中体现，博士学位论文的写作是神圣无比的，容不得半点亵渎！所以他会在每个场合来强调这一点。有一次，他语重心长地告诫我们："毕业后，你们再难有一段相对集中的时光，可以心无旁骛地写一篇论文了。博士学位论文应该成为你们学术人生的第一座高峰，你们要勇攀这座高峰！"

在博一的时候，先生就要求我们这些新生必须去旁听博二年级的开题报告和博三年级的学位论文答辩，不得缺席。虽是旁观者，但我们心里都非常清楚，不久也要接受同样的人生大考，所以听得特别认真。无论是开题报告会上，还是正式的博士学位论文答辩，先生提的问题总是直击痛处，一针见血，不留情面。作为旁观者，我们顿感压力山大。

由于我的理论功底比较差，先生会更有针对地提醒我一些"注意事项"。例如，有一次见面，先生告诉我，"读书一定要读目录，只有这样，才能驾驭住一篇大文章"。于是我就开始有意识地研读目录，从中体会一篇文章谋篇布局的精妙之处。经过一段时间揣摩后，我慢慢悟出一个道理，一篇博士学位论文其实就是结构的艺术。

读书期间，满心期待的事，当然是听先生讲课，这样可以完整地听先生将一个个复杂的学术前沿问题条分缕析、娓娓道来。先生上课时总带着一本薄薄的《中华人民共和国刑

* 陈光中教授指导的 2000 级博士研究生，北京盈科律师事务所律师。

事诉讼法》。当时我不禁好奇，都知道先生当年直接参与了 1996 年《中华人民共和国刑事诉讼法》的修正工作，先生对这部《中华人民共和国刑事诉讼法》肯定是烂熟于心，为何还要特意带上一本《中华人民共和国刑事诉讼法》呢？难道是怕自己忘了不成？一次课后，我把自己的这个小小的困惑直接请教于先生。先生笑答，"再高深的理论，也离不开对法条的准确理解。虽然我们不提倡注释法学，但法律解释学还是要求我们熟谙法条中的每一个字词。德国法学教授上课时也多是只带法典。"哦，原来如此，困惑由此释然，而法典的崇高地位从此在我心中扎根下来。没有先生当年的这番教诲，我是不会如此重视法典的学习的，更不会在数年后投入大量心血来编纂一本刑法工具书。

有一次与先生交流论文过程中，我请先生帮着解开一个思想疙瘩，我问先生，"您指导的博士研究生越来越多，但不是每一篇博士学位论文涉及的问题，您之前都有过深入系统的研究，至少在搜集资料方面，可能会不及博士研究生，那您又是如何指导学生呢？"先生沉吟片刻，认真回答道，"还是经验的缘故吧，我作为老师，对问题有更强的敏感性，也能够帮助学生把握论文的大方向，不然有的学生写着写着可能迷失方向"。这种洞察事物本质的超强能力，正是最值得弟子学习的。

博二下学期，我开始动笔写博士学位论文，这时想起李政道博士漫谈本科生、硕士生和博士生区别的一段话。他说"在本科阶段，学习是老师出题，老师还帮助解题；在硕士研究生阶段，学习是老师出题，学生自己解题；而在博士研究生阶段，学习则是学生自己出题，自己解题"。初读时不甚明白，但一直深深地印在脑海里。漫漫求学路走到今天，直到写博士学位论文时，我才终于明白了其中的深意。我的博士学位论文选题是自己定的，也得到了我的两位导师陈光中先生和卞建林教授的首肯。应该说，当初选定这个题目，自己是经过深思熟虑的。从来没有平庸的时代，只有平庸的人，同样，从来没有平庸的论题，只有平庸的论者。虽知自己理论素养不足，但还是非常渴望把这个论题做好，不愿因自己之不才而损及这个论题本身的理论价值。

然而在写作过程中，我发现这是一个非常具有挑战性的论题。长达一年多的时间里，我却始终徘徊在本质问题之外而无法突破，长时间不著一字，真是心急如焚。陈先生听说我的困境之后，约我到他家里交流。

那是一个寒冷的冬夜，他戴着老花镜，靠在摇椅上，一页一页地翻看我的论文草稿，我坐在先生身旁，一秒一秒地等。他看我的稿子，我就看着他。不时响起的翻页声，窸窸窣窣，至今难忘。

当时我心里清楚，自己的论文肯定是不过关，作好了心理准备，等着先生的严厉批评。但先生看过我的论文后，并没有一句批评的话，只是沉思了好一阵子后，问了我几个关于西方国家刑事再审制度的问题。我一时语塞，答不上来。先生就教我按照从实到虚的路子，先把两大法系有关刑事再审制度的各项具体规定吃透，然后再进行理论总结，提炼论点。我便听从先生的教诲，花了整整一周时间，不厌其烦地做着点点滴滴的梳理工作。当我逐词逐句地研读完大陆法系各主要国家刑事诉讼法中有关再审程序的规定之后，一下子就明白这篇论文应该写什么了。现在回想起来，先生的这一番话真是让我起死回生。

如果没有两位导师的严格要求和精心指导，我的博士学位论文是绝不会有现在这个水平的。而这一切都是发生在"非典"肆虐的非常时期，他们并未因为"非典"而稍稍降低对我的要求。如果说博士学位论文是我人生智识上所征服的第一座学术高峰，那么这座高峰是两位尊敬的导师给予了我无穷的力量和信心才征服的。在写作过程中，捕捉每一个转瞬即逝的思想火花，并将其演绎成言之凿凿的论点的过程是无比艰辛的，正是在这个过程中，学生才感悟到如切、如磋、如琢、如磨的求学之道，才懂得不经风雨难见彩虹的人生哲理。

常言道，经师易得，人师难求。在漫漫求学路上，幸遇恩师指点，实乃三生有幸。只恨自己天生愚笨，当时未能完全领会先生的深意，实乃弟子之憾。先生给自己的微信取名"钟鸣老人"，他希望自己始终像铜钟一样，常撞常鸣，鹤鸣九皋。人生难百年，法治千秋业。全体弟子们的最大心愿，还是唯愿"90后"的先生和师母能够身体安康，福寿绵长，这也是我的最大心愿。

魏晓娜*

吾爱真理，吾亦爱吾师
——在"陈光中教授执教理念与实践研讨会暨
陈光中教授执教七十周年座谈会"上的发言

尊敬的恩师陈光中先生，各位同门，各位嘉宾，各位朋友：

今天我非常荣幸地代表 2000 级的博士研究生发言。记得入师门时，先生刚过完 70 大寿，今天我们庆祝先生执教 70 年，这中间走过的，正好和先生从教时的年龄一样的光阴。22 年间，我也从一个青年学生变成了大学教授，也有了自己的博士研究生。但无论身份如何转换，读书时期从先生那里得到的教诲至今受益。许多人可能不知道，先生早年讲授过哲学，也可能得益于这一知识背景，先生看问题是十分通透的，教学方式是别具一格的。最令我难忘的，并不是从先生的课堂上学到了多少具体的知识，而是先生开放、包容、辩论式的教学方式。先生的课堂，是鼓励思考，鼓励倾听，鼓励质疑，鼓励讨论的。作为先生的弟子，我们如今也接过先生手中的教鞭，今天我们给先生庆祝执教 70 周年，我们需要思考的是，我们应该如何传承先生的衣钵？

这个问题令我想起古希腊哲学史上两对著名的师徒关系。柏拉图在《申辩篇》里讲了这么一个故事：苏格拉底听到神谕说没有人比自己更有智慧，非常不解，因为他认为自己没有智慧。于是他遍访当时有名的"智者"，试图证明这些人比自己更有智慧。结果却失望而归，这些人不仅没有真正的智慧，还自作聪明，对自己的无知一无所知。苏格拉底因此明白了神为什么说自己最有智慧，因为只有他"自知其无知"。正是受此启发，苏格拉底一生都在以一种批判的态度探寻智慧，对那些自称有智慧的人进行揭露，当然也因此得罪了不少人。他还创立了"苏格拉底教学法"，即以对话的方式在问答中诘难对方，使对方陷入矛盾，让对方自己逐渐修正意见，最终达到真理的方法。柏拉图从 20 岁左右开始追随苏格拉底，深受其师思想影响。柏拉图在《国家篇》里讲述了一个著名的寓言——"洞穴的隐喻"。这个隐喻告诉我们，你所看到的现象，未必是事物的本质，人只有通过不断的转向、不断的反思才能得到真理。亚里士多德从 17 岁开始追随其师柏拉图，对其恩师柏拉图充满了崇敬之情，但他却对恩师的理论进行了全面的批判。当有人指责亚里士多德背叛恩师时，亚里士多德回应了一句响彻历史长河的名言："吾爱吾师，吾更爱真理。"苏格拉底、柏拉图、亚里士多德三个伟大的哲学家、两对师徒成就了人类文明史上一段佳话。

---

* 陈光中教授指导的 2002 级博士研究生，中国人民大学法学院教授。

　　回到我们一开始的问题，我们该如何接过先生的衣钵？我想，不是要我们记下先生说过的每一句话，不是要我们背熟先生的每一篇文章，而是将这份严谨、思考、倾听、质疑的精神传承下去。我们要学习先生始终睁眼看世界的这份清醒，密切关注各国刑事诉讼法治的最新成就；我们也要像先生一样，始终站在中国的土地上推进中国的刑事诉讼法治。理性，始于怀疑；真理，来自反思。失去怀疑和反思的能力，法律人特别容易陷入教条主义，甚至将别人几百年前的牙慧奉为真经。理解了这一点，我想，我们才是真正接过了先生的衣钵。

　　今天是先生执教70周年纪念。这70年间，中华人民共和国的刑事法治经历了从蹒跚起步，到不断完善的过程。先生作为历史的见证者、参与者、推动者，以他的博学、包容、严谨和社会担当，言传身教，润物无声，培养了一代又一代法律学人。我等后辈，当时时以先生为楷模，接过以先生为典型代表的老一代法律学人手中的火把，继续将这法治的火种传播下去，谱写新时代中国特色社会主义法治新篇章。

　　最后祝愿先生健康平安，学术之树常青。

郑未娟*

"传道授业解惑"：做"经师"和"人师"的统一者

先生执教 70 周年之际，作为先生的一名弟子，怀着感恩的心情回忆做学生的点滴，感到温馨美好、幸福感满满。先生"传道授业解惑"，完美地做到了"经师"和"人师"的统一。

先生善于因材施教，深谙教育真谛。我于 2002 年成为先生的应届博士研究生，回想起来，也许是一场讲座无形中改变了我的人生轨迹。记得 1996 年《中华人民共和国刑事诉讼法》修正，先生应邀给本科生做了一场讲座，当时坐在大礼堂的我，最大的感受是：先生将复杂问题简单化，深入浅出地把刑事诉讼的基本精神准确传递给本科生，语言精练、字字珠玑。而入门之后作为博士研究生接受教学，让我充分感受到"一对一"的针对性培养，至今我仍然珍藏着带着先生密密麻麻修改意见的博士学位论文初稿。

先生以深厚的学术造诣开启每一个学生的智慧、充分挖掘每一个学生的潜能。记得当时跟着先生做一个刑事再审的课题，从前期资料的梳理、实证的调研到最终成果的完成，作为学生的我对理论联系实际、立足中国国情、借鉴国外法治有益经验进行研究有了系统的浸入式的体验，受益终身。

先生豁达的人生态度指引学生勇敢面对人生每个阶段。先生曾经告诉我，暂时的坎坷，放到人的一生中，以后回想起来，根本不算什么。还记得学生时代陪先生唱卡拉 OK，先生往往从邓丽君的歌曲开始，结束在催人奋起、充满革命豪情的《松花江上》，生活细节反映生活态度。

先生对学生的关心全面也直接，让我倍感温暖，也感受到老师可爱的一面。最深刻的记忆就是博士一入学就被问有男朋友了没，于是赶紧带人拜见。后来结婚、生孩子等大事都自动及时汇报。

寥寥几笔不足以表达我的心情，我的能力也无法去概括先生的成就，奉上 6 月的某天夜深人静时，从记忆中闪现的几个细节和几点小体会。祝先生健康长寿！

---

* 陈光中教授指导的 2002 级博士研究生，国家法官学院刑事审判教研部副主任、教授。

李玉华[*]

师生关系该是什么样？

很多研究生戏称自己的导师"老板"（理科生多一些），我对这个称呼比较反感。这是师生关系异化的表现，多了商业气息，少了人间真情。网上也不时有学生吐槽导师压榨等师生关系紧张的事件。每每这时，我就会想起自己的导师，想到自己的学生们，就会思考师生关系该是什么样的？我也是十年法大人，博士阶段师从陈光中先生。陈先生身体力行、言传身教诠释了什么是健康的师生关系。

一、招生坚持公平公正

博士的招生通常都是导师挂牌招生，即考试报名的时候就要选定导师，每个导师单独排队，这是长期实践的总结，符合博士培养的规律。博士的学习，知识的学习只是非常小的一部分，重要的是科研。科研离不开该领域的知识基础。因此，博士的招生是通过考试选取知识基础比较扎实而又有科研热情和科研能力的人。再加上现在导师与学生要承担论文外审及抽检的"连带责任"，导师在招生上的裁量权是必要的。鉴于此，报名前考生与导师沟通也是必要的。但很多考生也会有顾虑。但是，报考先生的博士则不必有顾虑，只要成绩好、认真备考就够了。这是先生常年招生坚持的一贯原则，坚持公平公正，坚决不录取不符合要求的人，不管是有钱有权还是有关系，为国家高端人才培养严把入口关。入口的公平公正是健康师生关系的前提和基础。

二、培养坚持正确的权利义务观

如何看待学生给导师干活？是不是学生给老师干活就是被压榨？先生的一句话可以非常好地回答这个问题：学生做课题既是权利，也是义务，导师要为学生提供条件。博士的学习主要是做科研，先跟导师一起做，再到独立承担科研任务。博士研究生先要参与到导师的项目中，通过一起工作学习做科研的方法，而且在这个过程中不断学习为人处世的方法，不断完善自己的人格。博士阶段如果没有这个过程，学习是非常有缺憾的。因此，博士研究生跟自己的导师做课题是非常难得的学习机会，而不是被压榨。做课题是培养博士研究生的重要途径和方法，因此，导师也有义务申请课题并吸收博士研究生加入。作为博士研究生导师大多已经没有晋升职称的压力，可以不申请课题，但是带博士研究生如果没有课题的话，学生通过做课题进行学习提高的权利就得不到保障。同时，博士研究生参加导师的课题，在导师的指导下完成一定的科研工作也是应尽的义务。光说不练怎么能提高？这跟游泳是一样的，不下水是永远也学不会的。先生是这么说的，也是这么做的，公

---

* 陈光中教授指导的 2002 级博士研究生，中国人民公安大学法学院院长，教授、博士研究生导师。

平地为每一个学生创造科研学习的机会。我读博期间参加过先生的多个项目，跟随先生去西安、海南等地调研，一起与课题组撰稿、统稿、校稿，在这些工作中耳濡目染了先生的问题意识、社会担当和高标准、严要求。这些一直影响着我，也影响着我的学生们。

三、正常交往而不失亲情

先生对学生的学业要求比较高，对学生的个人隐私不多干预，学生们谈了朋友或有好事讲给先生，先生也乐得一听，不说先生也不问。一日为师，终身为父，学生们在与先生的日常相处中不知不觉已经产生了难以割舍的亲情，节日问候与探望便成了日常。先生90岁高龄一直战斗在教学科研第一线，毕业季博士学位论文的一遍遍指导不光是脑力活儿，也是个体力活儿。有已经成为了教授博导的学生探望先生时心疼老师，说可以帮先生看博士学位论文，先生婉拒，坚持亲自看，有时出差学生的论文还随身携带，写论文的任何侥幸都逃不过先生的火眼金睛。有"90后"的先生在，我们总觉得是没有长大的学生。有一日去看先生，走时先生说你也要注意身体了。是啊，在忙忙碌碌中都"奔五"的人了，还有"90后"的老师叮嘱，我心头一热眼泪差点掉下来。

陈学权[*]

言为士则、行为世范的大先生
——写在恩师陈光中教授执教七十周年之际

经师易得，人师难求。先生是我心目中的人师；遇上先生，是我人生的幸运。2006 年博士毕业后到对外经济贸易大学（以下简称"贸大"）任教，能够很快站稳贸大的讲台，得益于先生对我的言传身教。在先生执教 70 周年之际，先生培养我的点点滴滴浮现在眼前，现择选几件小事展现先生培养学生的风采。

一、先生鼓励我报考

2002 年夏，研二暑假，我开始琢磨硕士研究生毕业后的人生去向，最后决定要么跟随先生读博，要么就去工作。然而，在作出考博的决定后，我又有些犹豫。看看先生先前毕业的博士研究生，可谓群星璀璨，大咖云集。先生会招我吗？考博毕竟不同于考研，当年在本科毕业立志考中国政法大学（以下简称"法大"）研究生时凭着"大不了将招生简章指定的所有参考书全都背下来"的犟劲和最终以 375 分刑事诉讼法方向笔试成绩第一名成功上岸的自信，在计划考先生的博士研究生时，似乎已荡然无存，我甚至没有勇气直接去问先生是否同意我报考。最后，经过几个月的挣扎，大约在 2022 年 10 月下旬，我鼓起勇气写了份简历，附上硕士研究生期间的学习成绩和发表的几篇小论文，委托在先生创办的法律援助中心工作的胡长华律师带给先生，请他帮我问问先生是否同意我报考，后来胡长华律师回复我，说先生看完材料后当场就建议我报考。

之后大概一个月左右，我接到了先生的电话，问我一会儿有没有时间去他办公室聊聊。这是我第一次近距离接触先生，紧张不言自明。一到先生的办公室，先生似乎看出了我的志忐，在示意我坐下后，直截了当地鼓励我说：你的简历和发表的论文我都看了，作为硕士研究生能发这么多文章还是很不错的，我欢迎你报考，也希望你认真复习争取考上。另外，明天晚上我要到中国人民公安大学（以下简称"公安大学"）去做个讲座，我想让你同我一起去，可以的话明晚 5 点 30 分你在我家楼下等我。（当时先生住在法大南门外的学校宿舍里）

第二天傍晚我如约来到先生家，一会儿接先生的人也来了，先生把我介绍给对方，说我是他的助理。后来成为先生的博士生后，我才知道公安大学接先生的 2 个人，一位是后来跟随先生读论文博士的周欣老师，另一位是公安大学硕士研究生、与我同年考取先生博

---

[*]　陈光中教授指导的 2003 级博士研究生，对外经济贸易大学教授、博士生导师。

士研究生的胡铭同学。事实上，这次讲座，先生邀请我陪同他去，完全是在给我学习机会，因为来回都有公安大学师生专人陪同，我这个助理其实什么都没做。自此，我感受到先生已经开始培养我了，这更加激励我好好备考。

2003 年法大博士研究生招生，因为"非典"疫情，上午的面试通过电话进行。两道面试题分别为诉讼证明的概念和法院能否变更起诉罪名，这两道题都在我的备考范围。当天下午我想知道面试结果，忐忑不安地拨通了先生家的电话，电话那头传来了先生亲切而爽朗的声音："学权啊，两道面试题回答得都很好，你的最终成绩排名，在我这证据法学方向是第一名……"此时此刻，我感受到先生语气里的高兴和对我复试表现的满意。确定可以读先生的博士研究生后，我就给最高人民检察院政治部打电话，说我想读陈光中教授的博士研究生，不打算来最高人民检察院工作了。

我出生于湖北农村，父母近乎文盲，上大学以前读的书基本限于统编的教材，谈不上有什么才华，上了大学后才如饥似渴地泡在图书的海洋。承蒙先生不弃，鼓励我考博，将我点化，使我走上了法学教学科研之路。综观先生所招生培养的博士，地域来源是天南海北，教育背景也并非都是科班出身。先生爱才、惜才，博士招生公正，只看学生成绩和能力，别无其他，这一点值得我终身学习。

二、先生告诉我什么是知行合一

坚持客观真实论是先生的重要学术名片。先生不仅是客观真实论的坚定捍卫者、积极发展者，更是忠实的践行者。2005 年 6 月，先生的一位老家亲戚在深圳创办的公司因广告合同纠纷被北京某报社起诉至北京市海淀区人民法院，广告合同约定：该公司提供广告样稿，报社负责刊登，然后公司向报社支付广告费。在合同履行时，双方口头将合同内容变更为由报社负责广告设计、在经公司认可后再由报社刊登发布。由于报社在未征得公司认可的情况下直接将设计出的广告发布，广告内容存在一些明显的瑕疵和错误，公司只愿支付部分广告费，但报社要求支付全部，因而产生纠纷。

在报社将我方起诉至法院后，先生受亲戚之托，安排我代理此案。通过对在案证据材料的研究，我发现现有证据材料呈现出来的"法律真实"对我方非常有利，因为双方对合同口头变更的内容都没有任何证据证明，这样我方就能以公司没有提供广告样稿、原告擅自设计并发布广告与我方无关为由申请法庭驳回其主张广告费的全部诉讼请求。当我将此釜底抽薪式的办案思路向先生汇报时，先生说：完全不付钱给被告不太妥，这不符合案件客观真相；这个案子的真相是对方按照我方的要求发布了广告，虽然质量不是很好，影响了广告的效果，但对我方还是起到些广告的作用，还是按照至少给对方支付一半广告费的思路准备吧。后来在法庭上，我感觉向法庭呈现客观真实、举证证明广告有瑕疵实在太难，就采用了"法律真实"的诉讼策略，主张 1 分钱的广告费，同时也表示愿意调解。无奈原告的律师没有调解意愿，最终北京市海淀区人民法院认可了我的代理意见，驳回了原告的全部诉讼请求。

当我将胜诉的结果告诉先生时，先生并没有表现出任何的高兴。对方上诉后，先生一边劝说亲戚二审要让步，一边再三叮嘱我，二审尽量达成调解，给对方支付部分广告费。根据先生的意见，二审时我向承办法官表明了我方愿意接受调解的立场，并且可以在调解签字时当即履行；同时我也坚定地告诉承办法官，这案子如果调解不成，按照在案证据和法律规定，法院只能作出驳回上诉的裁定，想改判都难找到合适的理由。最终，在我的建议下，二审承办法官直接做报社负责人的调解工作，使得本案以调解结案，案件的最终结果体现了以客观真实为基础的实体公正。

知易行难，尤其是在涉及自身利益时更是如此。明明法院按照法律真实判决的结果是我方全胜，但先生鉴于一审判决背离了客观真实的要求，硬是劝说自家亲戚让步赔钱，要求我尽力配合法庭调解结案，以让案件的处理体现客观真实的要求。这一起诉讼代理，先生不仅让我认识到为什么要坚持客观真实的诉讼观，更教会了我什么是知行合一以及做人的原则和底线。

三、先生帮我推荐工作

为博士研究生找工作写推荐信，是很多导师都会做的事情。然而，先生为我找工作做得远不止于此。读博期间，我独立在《现代法学》《法学》《中国刑事法杂志》《法学杂志》《法律适用》《人民检察》等刊物发表论文若干。同时还与先生合作在《法学家》《现代法学》等刊物发表论文数篇，这样的成果放在现在博士生求职应该说也很有竞争力。当然，找工作也需要运气。2005年冬，刚好某研究机构当年有数名进刑事诉讼法学应届博士研究生的名额（最终实际招录了5名），先生和我都觉得是个机会。凭借我在校的成绩和取得的科研成果，应该说被录用的希望很大。即便如此，先生还是利用开会的机会带着我的简历当面向相关负责人郑重地推荐我。虽然面试前我做了认真的准备，但造物弄人，我竟成了面试中被刷下来的极少数人。

当某天上午我知道其他面试者被录取、而我是极少数的落选者时，随即拨通了先生的电话，先生沉默了会，然后安慰我说："学权，不要担心，凭你的条件，你会找到好工作的；你先关注下还有哪些学校招人，然后我继续给你推荐。"

当天晚上11时许，先生给我的宿舍打来电话继续安慰我："学权，工作的事，不要着急，根据你的情况也别找太差的学校，实在不行我建议你去法学所读博士后，合作导师我帮你推荐；如果需要费用（当年法学所招博士后，大多需要交纳数万元的培养费），我负责的刑事法律研究中心可以给你提供全额资助。"

先生的安慰缓解了我的焦虑，也给了我继续求职的底气。后来与我同届的翁怡洁博士告诉我，我现在的东家——对外经贸大学，需要刑事诉讼法的老师。当我把这个消息告诉先生时，先生随即给时任对外经贸大学法学院院长沈四宝教授打电话，极力推荐我，沈教授当即说：陈老师，既然是你认为很优秀的学生，我们欢迎；让你的学生明天上午来我们院办面试吧。第二天上午，我去了贸大法学院院办，此时贸大已放寒假，在院办见到了时任副院长王军教授，王军教授就我的论文发表与科研体会、如何看待英美法等问题与我聊了近2个小时，临结束时他对我说，你很优秀，我们学院会尽快给你是否录用的通知。去贸大工作后，只要碰到沈教授，他都会对我说陈老师对你真好，经常问起你在贸大的情况。正是因为感受到先生对我学习、生活、工作上的高度关心，毕业后我就下定决心以后的教学科研之路要走得精彩，不辜负先生的培养。

除上述几件事情外，还有很多事情至今记忆犹新，这辈子也难以忘却。博士入学后因生病需要服用一些较贵的自费药物，先生知道后将其担任主编的教材《法学概论》中本属于先生的稿费直接给了我，后来在其主持的诸多案件的专家论证中均邀请我作为秘书，给予不菲的秘书工作费。先生的资助，使得我读博3年从未为经济发愁，专注学习使我包揽了当时法大博士研究生能够获得的各类奖学金。每当先生知道学生取得了一点点成绩，我常常感觉到先生甚至比学生还高兴，对学生的论文发表、获得的奖学金、取得的荣誉等，先生都是如数家珍。

2003年先生以统招的方式招了胡铭和我等共6位博士生。有次先生召集除我之外的5位博士生开会，可能是先生怕引起其他同学和我的误会，专门说之所以没叫学权来，是因为学权另有重任。后来我才知道这个重任是先生拟安排我担任其一直想编写的《证据法学》教材的秘书。在我读博期间先生就组织几位老师一起撰写这本教材，但初稿交上来后先生不太满意，加之当时先生忙着《中华人民共和国刑事诉讼法》再修改以及教育部首批重大攻关项目课题的工作，因而直到2011年才交付法律出版社出版。在与先生合作写的一篇论文中，我引注了一位知名的中青年学者有关程序公正优先的观点作为批评的对象，先生建议我将此注淡化处理，不要指名道姓，说他一直鼓励百家争鸣，但此前因为在别的论文中批评知名中青年学者的观点引发了一些误会。

2004年我协助先生整理了份赴日本学术交流的演讲稿，先生回国时在东京特意买了盒糕点带回来送给我。

作为学者，先生的学术成就和社会担当，给学生树立了丰碑；作为教师，先生言为士则、行为世范的大先生风采，成为学生终生效仿的典范。先生之成就，先生之境界，先生之风采，我虽不能至，但心向往之。在先生面前，我永远是个未出"陈氏学堂"的小学生。先生对学生之恩，从不求回报；面对先生，学生无以回报。博士研究生毕业16年以来，学生从不主动向他人说我的导师是先生；但在贸大的讲台上，先生的著作，先生的思想，先生的事迹，学生是信手拈来。受先生言传身教的培养，学生将贸大法学院的冷门课程——刑诉法学——打造成了受学生欢迎的热门课程，数次获得贸大教学标兵、教学名师、优秀研究生导师、师德先进个人、北京市优秀教师、北京市高等学校青年教学名师、北京市高等学校教学名师等荣誉。我想，这就是教育的传承，是学生感恩老师的最好方式吧。

谨以此小文祝贺先生执教70周年！祝福可亲可爱的先生福寿安康！

胡 铭*

为人表率大先生，唯真唯实真学问
——在"陈光中教授执教理念与实践研讨会暨
陈光中教授执教七十周年座谈会"上的发言

尊敬的陈光中先生、师母，各位领导，各位嘉宾，老师们，同学们：

今天，我怀着无比激动的心情参加陈先生执教 70 周年座谈会。恩师 70 周年的教书育人，硕果累累，桃李满天下，是法学教育界的一座丰碑。

我们都习惯于称呼陈光中老师为陈先生。先生是对有德业者的尊称。《礼记·曲礼》曾言："从于先生，不越路而与人言。遭先生于道，趋而进，正立拱手"。只有人格、品德、学业上能为人表率者称为大先生。陈先生正是我国法学界的大先生，更是刑事诉讼法学界的大先生。作为弟子，陈先生的谆谆教诲历历在目。正是从陈先生身上，让我看到了一位真正的学者、一位师长的境界和风范，让我毅然决然地投身了法学教育事业，没有陈先生的教诲，我就不会走上学术之路。毕业 16 年以来，每当我稍有懈怠之时，我就会想到陈先生；每当我到北京见到陈先生，就会激励我加倍努力。先生以"90 后"的高龄，仍然奋战在教学科研的第一线，作为中青年学者更是没有任何理由懈怠。

陈先生的言传身教中，让我体会最深的是以下三点：

第一，实践出真知。陈先生带领学生们深入司法实践，从实践中发现问题、研究问题并培养学生。在读期间，陈先生每个学期都会带着我们到基层调研，在广州、珠海、昆明、武汉、杭州等地开展深入一线的调研和实证研究。从调研地点的选定，到调研提纲的草拟，调研过程的亲自带队，再到调研后的研究报告撰写以及学术总结，陈先生总是亲力亲为，这些场景至今历历在目。陈先生教导我们要从实践中探寻符合客观实际、符合客观规律的知识，通过社会实践才能总结出规律性的知识，不能人云亦云，不能做无病呻吟的学问。

第二，注重中华优秀传统法律文化及其当代意蕴。陈先生高度重视中华传统法律文化尤其是司法文明的研究，强调以古代的人、事作为当今人、事的借鉴。陈先生的《中国古代司法制度》在 20 世纪 80 年代出版，后又在 2017 年修订增版，是诉讼法学子的必读书目。记得陈先生在给我们授课时，总是对中国古代的司法制度娓娓道来，既有宏观的精准把握，又有个案的细致分析。他客观地指出：中国古代司法制度史既是一部司法文明史，也是一部服务于君主专制统治的历史；研读古代司法制度，以史为鉴，有助于当今社会主

---

* 陈光中教授指导 2003 级博士研究生，浙江大学光华法学院常务副院长，教授。

义司法制度的建设。3 年多以前，一次到北京看望陈先生时，先生告诉我，他正在为完成中国司法制度史的三部曲而努力。这么大的研究工作量，对于耄耋之年的先生无疑是巨大的工作压力，我当时直言，让先生把工作分给弟子们，让我们来做即可。陈先生当即婉拒，并表示一定要他自己直接来做，才能完成自己的学术心愿。先生对学术的执着，让弟子汗颜。

第三，开阔的世界眼光。外国法学教授评价他是世界级法学家，陈先生要求学生们以世界的眼光来看中国的问题，鼓励学生们开阔视野并积极参与国际交流与对话。我在博士生一年级便有幸参与到了《21 世纪域外刑事诉讼立法最新发展》一书的编撰并担任秘书工作。在这个过程中，我深刻地感受到了陈先生不遗余力地推动刑事诉讼法学的国际交流，通过向国际一流的刑事诉讼法学者约稿，组织对域外刑事诉讼法立法的研讨，整理相关法律条文的变化以及实践运用等，使得我们对刑事诉讼立法的国际发展趋势有了深入的理解。陈先生还手把手地指导学生做相关研究，陈先生指导我写作《〈联合国反腐败公约〉与刑事诉讼法再修改》一文，让我对联合国公约这个新的领域有了全新的认识。陈先生对我的初稿，一字一句地修改，甚至连标点符号都做修订，当时陈先生改过的花脸稿我至今仍然保存。该文后来发表于《政法论坛》，至今已经有 123 次引用，也可以算是我的学术起步之作。也正是在陈先生的鼓励和指引下，我后来又到美国耶鲁大学法学院、印第安纳大学法学院、德国慕尼黑大学法学院等校学习并在国际学术交流中不断锤炼自己的学术能力。

陈先生一直关心家乡的教育事业和法学研究。陈先生出生在浙江省温州市永嘉县白泉村，白泉村位于著名的楠溪江风景区，这里溪曲峰叠，景色迷人。陈先生倡导发起了"永嘉县陈光中教育基金会"并多次捐赠助学，这次又再次捐赠 300 万元，让我们深刻地感受到了先生对家乡的情义。陈先生多次带领团队在浙江省做调研和实证研究，把不少重要的研究项目落在家乡，推动家乡的法学研究和法学实践。如 2015 年在温州法院试点证人、鉴定人出庭和庭审实质化等方面改革，推动庭审实质化和以审判为中心的诉讼制度改革。陈先生十分关心家乡法学教育事业的发展，曾多次到浙江大学指导法学教育和法学研究，记得陈先生在浙江大学主校区做讲座时，地上都坐满了人，盛况空前。浙江大学的诉讼法学科就是在陈先生的指导下逐步成长起来，才有了今天的些许成绩。

谨记师恩浩大，用什么语言来表述都显得单薄。陈先生是这个时代真正的为学、为事、为人的大先生，70 年如一日的执教生涯，无限光荣并让后学敬仰。在此，衷心祝愿恩师身体康健，学术之树常青。

彭　伶*

我的老师陈光中
——一个心中有国家，胸中有法治，眼中有百姓的法学大家

陈光中老师是我的博士研究生导师。

成为陈先生的入门弟子有点偶然。2003年10月的一天，我在办公室接到一位老乡小妹的电话，她约我一起考博。当年我俩约好一起考的硕士研究生，结果她考上人民大学，我考上北京大学，都如愿以偿了。毕业后我们都留京工作。去年她自己独自考了一次博士研究生，但没有考上。因此她觉得还是约个伴儿一起考，互相鼓励，更有信心。当时我的生活平静但也有点平淡，正需要做点事儿来丰富一下，几乎没有犹豫，我当时就上了中国政法大学的网站报名。在指导老师那一栏，陈先生排在第一位，我不假思索，直接点击了提交。就这样报了名。当时我爱人在外地出差，晚上他打电话回家，我有点兴奋地告诉他：今天我干了一件大事，报名考博士研究生，考的是陈光中老师的博士研究生。他听后沉默了一会儿，半开玩笑地说：陈老师的博士研究生可不容易考，你可得努点力。本来我的性格有点随遇而安，对于考博这件事还有点随意，并没有一定要考上的决心。听他这么一说，反而激起了我的斗志，我一个本硕名校法学科班出身，考的又是自己的专业，英语也学习那么多年了，考不上只能怪自己，没有客观原因可赖。我发狠复习了几个月，最终考上了。

说实话，在博士研究生学习开始的一段时间，我保持着一种不瘟不火的学习心态，潜意识以工作、孩子为理由放松了自我要求，只要求自己完成规定动作，能够与非在职的同学一样3年毕业，不延长学习时间就满足了。当时我对于法学研究并没有一种积极进取的研究态度。但这种情况很快被陈先生的严格要求打破。从第二学期开始，先生列出了书单，加上当时的专业课程设计实行专题研究方式，博导们按专题给全体博士生上课，每次上课都由一名同学作主题发言，其他同学补充，如果不作准备，根本没办法交流。就这样一个专题一个专题地死抠，一个专题一个专题地深入，再从一个专题关联到另一个专题。我觉得这是中国政法大学诉讼法学博士教学非常有效的方式。在我看来，博士研究生与硕士研究生的一个重要区别就是自主研究的程度，而如何自主研究，如何发现问题，正是横亘在硕士研究生面前令人挠头的问题。尤其是在20年前，网络并不普及，限制了研究资源获得的数量和速度，这种教学方式不仅有助于迅速深入地了解一个专题的研究水平，而且对于如何发现问题，如何着手研究，如何掌握和运用研究方法作了很好的指导。先生作为法大诉讼法学科带头人，对于这种教学方式的实行和推广无疑起到了重要作用。当然，

* 陈光中教授指导的2004级博士研究生，中国法学会对外联络部副主任。

这种学习方式带来的压力也是很大的。记得 2005 年 6 月老师要求提交一份学习刑事诉讼法的体会，我写了三点：一是学习任务重。在我国，司法改革中涉及的许多问题实际上都是刑事诉讼的问题。在这方面，不仅实际存在的问题多，研究成果也多，值得研究的问题更多。对于学生而言，首先在研究的起点上要求高，写的文章必须要有新意。这就要求我们不仅要研读大量的国内专家的著述，而且还要阅读大量的原文资料，这对学生个人的能力提出了挑战。我的感觉是资料浩瀚，所知有限，越学越觉得所知太少，突破更难。二是压力大。压力有两个方面，一方面是来自学习的压力；另一方面是来自老师的压力。老师治学态度严谨，学习要求高，对于学生而言倍感压力。三是研究领域与实际结合紧密，研究的成就感强。由于刑事诉讼涉及的许多都是关乎人权保障的研究，如果研究有所成就，有机会直接反映在立法中，可以直接见到成效，这对于个人而言更具成就感。而这些压力最终都没有白费，对于我的研究能力的提升起到重要的促进作用。

正如先生所言，博士学位论文是博士研究生教学的重点。可以说，我的博士学位论文是先生直接指导的结果。在写作博士学位论文过程中，我为先生法学学识之渊博、研究态度之严谨所深深折服。从确定选题到最终成果的完成，先生给予了具体的指导。最初如何确定博士学位论文选题，我很是拿不定主意。当时我兴趣点不少，铆足劲想好好写篇毕业论文，为自己的读博生涯画一个相对圆满的句号。可问题在于哪个选题更合适呢？我犹豫不决。最后还是先生给了我建议：不得强迫自证其罪原则研究。在当时的法学研究和司法实践的背景下，尊重和保障人权成为热点，而当时的立法和实践都存在不少需要改革的地方。先生敏锐地看到了这一选题的价值和意义，当然我愉快地接受了先生的意见。之后我收集和查阅了大量的中英文资料，认真思考和写作，而其间不论是初稿的形成，到后面几易其稿，先生都认真予以审阅，给予了很好的指导意见，最终形成的论文获得了较好的评价，经修改后于 2009 年出版，这可能是当时国内第一部以此为题目的专著。先生为该书作了序言，作了较高的评价。之后这一选题得到了学界广泛关注，涌现了一批高质量的研究成果。在法学界和法律界的共同努力下（其中先生的有力推动起到了重要作用），不得强迫自证其罪这一原则精神被写入 2012 年新修正的《中华人民共和国刑事诉讼法》，成为我国尊重和保障人权在刑事司法领域的重要体现。

师者，所以传道授业解惑也。如果说，传授知识、答疑解惑是老师的重要职责，相对丰富的知识积累是担任老师的基础条件，那么先生在这方面不论是从其知识的深度和广度还是自身的治学态度都达到了令人敬仰的程度。而对于学问孜孜不倦地追求更是先生为后辈学子树立的一个卓越的典范。在此无需赘述先生在学术领域的诸多卓越成就，也不必列举他曾担任过的一系列重要的学界职位，作为中华人民共和国刑事诉讼法学的重要奠基人，他对中国刑事诉讼法学的发展和中国刑事司法制度的改革做出了重大贡献。但在今天这个特殊的日子，特别值得一提的是他作为老师言传身教，在长达 70 年的教学生涯中，他将一位老师的以身作则的典范作用呈现得淋漓尽致。在其法学研究的职业生涯中，直至现在 90 岁高龄，先生始终身处法学研究前沿，始终保持积极专注严谨的治学态度。他始终关注刑事法的理论研究和司法实践，更是以 80 多岁的高龄独自完成百万字的《中国古代司法制度》《中国现代司法制度》两部重要著作。他指出中国古代司法制度史既是一部司法文明史，也是一部服务于君主专制统治的历史。研读古代司法制度，既要取其制度精华，树立和强化我们的法治文化自信；也要去其糟粕，以史为鉴，促进当今中国特色社会主义司法制度的建设。除了这两部书之外，先生还完成了《中国近代司法制度》的写作，最终出版形成中国司法制度史三卷本。这个浩大的计划对于年富力强的学者而言都是一个大工程，而先生这位耄耋之年的老人已经完成大半。作为后辈，能不汗颜吗？再举一个例子，给大家看看先生旺盛的学术研究激情。大概先生80多岁时，我听说有一年中国政法大学教师成果排名，先生排第一。先生以其年纪第一勇夺成果第一，恐怕在学术界也创造了一项纪录，真正实现了为中国特色社会主义法治发展奋斗终身，值得所有学界后辈向其致敬。韩愈在《师说》中提出"弟子不必不如师，师不必贤于弟子"，但就目前来看，"陈氏学堂"中弟子不如师、师贤于弟子的状况应当会持续很久，作为弟子在学术成就上可以不如师，但在治学态度上应当向师看齐，以师为范。

除了自身一直坚持进行法学研究之外，先生十分重视培养法治人才、奖掖后辈。他曾经担任中国法学会副会长、学术委员会副主任多年，曾多次参与"十大杰出青年法学家"等重要奖项的评选，培养后学，推动青年学者在法治建设中积极发挥作用。他还个人出资设立"陈光中诉讼法学奖学金"，至今已历九届，有几百名学子受益，这对于好学向上的诉讼法学子是一个很大的激励。如果说，刑事诉讼法学研究成就展示了先生的学术之道，那么，对于不断完善的中国法治建设进程的关切则展现了先生思想的宏大格局。因为工作关系，我有幸聆听过几次先生在高层内部会议上的发言，先生言辞恳切，有观点，有建议。这些发言涉及对于人民权利的保障、对于司法制度的完善、对于学术研究自由的边界等，比如2018年1月先生在"改革开放与依法治国40周年"座谈会上的发言令人印象深刻。在发言中，他全面回顾了我国社会主义法治建设的曲折发展历程，提出要深刻总结历史教训，保障人民当家作主，社会主义法治建设要建立民主与法治一体推进，坚持中国特色社会主义法治方向，社会主义法治要以公平正义为生命线。他提出的三点建议振聋发聩，情真意切，充分显示他为国为民的一片赤诚之心。先生的人生经历并非一帆风顺，其中颇多坎坷。然而，尽管如此，他仍然是、一直是一个心中有国家，胸中有法治，眼中有百姓的红色法学家，是一个有坚守的法学家，一个有观点的法学家，一个有声音的法学家。同时，他还是一个能够与时代对话的法学家，始终关注鲜活的司法实践，对于弱势群体的生命和权利充满了人文关怀。

这就是我眼中的老师陈光中先生，一位值得敬仰的法学大家。在此庆祝先生执教70周年之际，特作此文，祝福先生健康长寿、学术之树长青！

姚　莉*

匠心育人，桃李芬芳
——贺陈光中先生从教七十周年

党的十八大以来，全面依法治国被纳入"四个全面"战略布局予以有力推进。法学教育和法治人才培养在推进全面依法治国中具有重要地位，也是我国法治事业兴旺发达的重要保障。在社会主义法治国家的建设中，如何提高法治人才培养质量，造就一大批德才兼备的高素质法治人才。构建高质量高效率的法学教育体系，是一项具有重大现实意义的实践课题。

中国著名法学家陈光中先生扎根杏林 70 年间，笔耕不辍、传道授业、著书立说，哺育了一代又一代的莘莘学子，为中国法学界和实务界培育了诸多栋梁英才，无愧为中国法学教育工作者的楷模与典范。本文旨在对陈光中先生的法学教育思想进行若干梳理，并剖析其深刻内涵和启示，希冀与学界同仁交流探讨，共同促进中国法学教育的蓬勃发展。

一、陈光中先生对中国法学教育的重要贡献

先生自 1952 年开始执教，历经中华人民共和国法学教育的发展与蜕变，积累了丰厚的教育经验，淬炼了过硬的教育能力。执教 70 年间，先生以高远深刻的学术造诣极大地开阔了中国法学研究的学术眼界，以春风化雨的教育方略树立了育人育才的标杆，为诸多法律学科尤其是刑事诉讼法学的学科建设做出了奠基性的重要贡献。详述如下。

（一）以开拓性研究引领学术风范

对待学术，先生孜孜以求、笔耕不倦，精通古今中外的刑事诉讼制度，开中国比较法研究之先河，以超前的学术眼光掀起了比较法研究的浪潮。先生曾说："我始终注意本专业国外资料的收集，注意掌握外国刑事诉讼法的最新动态。我觉得只有对本专业的古今中外的知识大体上了解了，才能使自己视野开阔，见解高屋建瓴，具有前瞻性。"早在 1995年，先生就在中国政法大学组织成立了刑事法律研究中心，并组织专业人员翻译出版了德、法、意、美、加、日、俄等国的刑事诉讼法典，极大促进了外国法学理论和法律制度的研究与借鉴。先生胸怀本土的法治问题与法治意识，放眼世界，批判吸收比较法上有益的规范与见解，为中国的法治建设建言献策，形成了以动态平衡诉讼观为代表的理论体系，在中国刑事诉讼法学研究中独树一帜。

事实证明，先生长期耕耘的学术主张契合中国的法治实践，许多学术理念被吸纳入现行法律之中。最具有代表性的例子，即 1996 年《中华人民共和国刑事诉讼法》的首次修

---

* 陈光中教授指导的 2004 级博士后，中南财经政法大学党委常委、副校长、《法商研究》主编、教授。

正。1993 年，先生接受全国人大常委会法工委的委托，组织骨干力量，在广泛考察、仔细调研的基础上，起草了《中华人民共和国刑事诉讼法〈修改建议稿〉》。随后的一年，先生又组织专家学者对建议稿加以详细论证，最终形成了《刑事诉讼法修改建议稿与论证》一书。该建议稿共三编 329 条，连同论证的内容达 35 万字，浸润了先生惩罚犯罪与保障人权相结合的刑事诉讼理念。该稿上报全国人大常委会法工委后，65% 的条文为修正案所吸收，其中包括先生力主的疑罪从无原则。由于对修法做出的突出贡献，先生亦获得了"新刑事诉讼法之父"的美誉。此后每次《中华人民共和国刑事诉讼法》的修改，先生均参与其中，发挥重要的建言作用；同时，在《中华人民共和国宪法》《中华人民共和国国家赔偿法》《中华人民共和国律师法》等多部法律的起草或修正过程中，先生均提出了裨益良多的建议，真正做到了学以致用，为后进学者指明了学术坦途。

（二）以启发性思维培养栋梁英才

数十年来，先生教过的学生不计其数，先后教过本科生、硕士研究生、博士研究生、干部专修班、师资进修班等，受先生指导而获得学位的博士研究生和出站的博士后，人数之多令人不禁感慨。在先生的严格要求和悉心指导下，陈氏门生率先开展了对诉讼法学基础理论的研究，产生了一批有分量的学术专著，促进和丰富了诉讼法学的理论研究。先生渊博的知识、精到的见解、丰富的教学经验使无数莘莘学子受益匪浅，为国家培养了大量法律优秀人才，先生的学生有的已成为知名教授、知名中青年学者，有的已成为政法部门的重要领导和重要骨干，有的活跃于律师界，可谓桃李满天下，学子成栋梁。2002 年，先生还在其学生、亲友和有关单位的支持下，成立了"陈光中诉讼法学奖学金基金"。基金会面向全国，两年一次评选学业优秀的硕士研究生、博士研究生予以奖励，奖学金已经成功评选至第九届，极大地鼓励了年轻学生的研究动力和学术热情。

笔者曾有幸跟随先生于中国政法大学博士后流动站从事刑事诉讼法学研究，受益于先生的谆谆教诲，学术见识与水平有所长进，成为先生培养的首位博士后。先生常常向我们分享他最新的学术见闻和理论创新，事无巨细地阐述自己如何广泛收集文献资料、受何种理论启发而开拓思路、基于何种立场提出观点等，将其学术方法倾囊相授，使我对学术研究的理解突飞猛进地加深。先生还格外注重培养学生独立思考、勇于创新的精神，每次与我长谈时，先生总要叮嘱我开阔眼界、积极探索，寻找自己的学术兴趣，形成自己的学术风格。跟随先生进行博士后研究的几年中，已记不清多少次得到先生当面的亲切指导，也记不得多少次在电话中一边聆听一边抓紧记下先生的深刻言语，这一幅幅场景至今仍记忆犹新，我也在其中真正领悟到了钻研学术的门道与乐趣。

（三）以战略性视野规划学科建设

《中华人民共和国刑事诉讼法》是改革开放后通过的首批法律之一，先生敏锐地捕捉到了刑事诉讼法学对于国家建设和社会发展的重要意义，而高质量的学科建设必须要有充足的师资力量与教育资源，正因为如此，先生高瞻远瞩地统筹学校人事，合理配置学术资源，稳步地推进刑事诉讼法学学科发展。1986 年，经国务院学位委员会批准，由先生创立和主持的刑事诉讼法博士点在中国政法大学设立，这是全国最早的诉讼法学博士点，在其后的 10 年时间里也是全国唯一的诉讼法学博士点，先生当之无愧地成为全国第一位诉讼法博士研究生导师。此后，中国政法大学的刑诉法学科一路高歌猛进，在全国名列前茅，学术产出颇丰，为国家法治建设输送了一批又一批的高质量人才，先生于此功不可没。

先生就任教育部社会科学委员会委员期间，作为法学学科评议组召集人，对法学学科的整体建设有了更为深刻的理解和把握，将目光投放至全国范围内的法学基地建设和人才培养体系构建中，指导许多高校进行学科建设规划和博士、硕士学位点申报。彼时，我在中南财经政法大学科研处任职，在法学二级、一级学科学位授权点的申报与评估中，先生都在百忙之中抽出大量精力和时间，尽心竭力地提供帮助。先生数次从北京专程赶赴武汉进行指导，逐字逐句地审读材料，细心地为我们指出其中可改进之处，将建设学科研究平台、组织学术攻坚队伍等经验毫无保留地向我们传授，对我校法学学科建设给予了莫大支持。

二、陈光中先生法学教育思想要点梳理

70年的执教生涯中，先生形成了开明细腻的教育理念，发展了行之有效的教育方法，在先生教育生涯突出贡献的基础上对其进行提炼总结，有益于我们更深入地把握先生教育思想的整体脉络和珍贵结晶。限于文章篇幅，以下仅采撷三个重要思想命题进行分析，可起见微知著之效。

（一）业精于勤，博而后精

先生将其对治学的严谨和认真带到了授业解惑之中。曾经有人以罗尔斯的名著《正义论》为依据，提出程序至上的观点。先生当时没有仔细读过这本书，为了搞清楚这个问题，他特意让学生复印了有关章节来研读，后来又买来这本书细读，他读后发现，从罗尔斯的著作中并不能找到主张程序至上的证据，真是"到岸方知水隔村"。先生在授课时，多次以此为例，告诫学生务必求实求信，不能草率行文，这是做学问的应有态度。跟随先生研习的几年里，尽管已年逾古稀，但先生仍然常常工作到凌晨，交给先生的稿件他都会认真阅读修改，极其负责地给予详细的回复和反馈，甚至连标点符号的错误都不会遗落。我有时将自认为写得不错的文章交付给先生阅览，但是先生看过之后，一字一字地仔细修改，仍然能够指出许多有待完善之处，先生的悉心教诲为我此后的治学研究树立了必须努力追赶的榜样。

同时，先生也多次向学生强调，在某个领域耕耘不是闭门造车，不是"躲进小楼成一统"，而是要广博地吸收各个领域的理论知识和实践经验，将其转化为深化专业研究的养料："广博的知识要通过博览群书、长期积累才能获得。古人有诗云：'问渠哪得清如许，为有源头活水来'。这个'源头活水'，就是多读有价值的书，多调查研究社会实际问题。尽管我自己在这方面所做的努力还不够，但我相信博而后精是治学成功之路。"大处着眼、小处着手，厚积薄发，戒除急功近利的浮躁心态，踏踏实实地广泛阅读文献、亲身进行调研，以宏大格局眼界深刻地看待某个具体问题，此乃"博而后精"的要义。

（二）开放包容，鼓励创新

对待学术，作为泰斗的陈光中先生以广阔的胸怀鼓励不同的理论声音和学术主张，他主持每一次诉讼法年会，总要在开幕词中强调解放思想、勇于探索、百家争鸣。先生培养硕士生、博士生，除在品德和学习上对他们严格要求外，还格外注重培养他们独立思考、勇于创新的精神，几乎每一个经他栽培过的学生都印象深刻地记得先生会语重心长地教导："你们写学术论文，有些观点如果与我的观点相左，只要言之成理，论之有据，我并不要求按我的观点修改，我鼓励你们拥有自己的观点。"

在多次研讨会上，先生主张"学贵坚持，学贵兼容，真理面前人人平等"，不管同侪，无论师生，皆应公平对待、平等对待。面对学术争论，先生本着坚持真理的精神，直率地表达自己的观点。尽管他年长资深，对于与他观点不同的，无论同辈、晚辈，抑或自己直接指导过的学生，他都以宽容、平和之心相待，不会因学术观点的不一致而心存任何一点芥蒂，更不会因学术争鸣而结下个人恩怨。

（三）学以致用，胸怀家国

"学以致用"是先生一以贯之的治学方针。先生认为诉讼法这门学科的应用性很强，应当通过基础理论和实务的研究，直接或间接地服务于促进诉讼法治建设，有利于推进依法治国、建设社会主义法治国家。先生常常教导学生，学术研究不是不顾实际的清谈，不是天马行空的臆想，而是以理论研究促进实践的反思与变革，最终服务于国家和人民。在客观真实说与法律真实说的理论争论中，先生基于学术和司法实践领域的深刻体察，对法律真实说主张的"不可知论""可不知论"怀有深切的隐忧。"我们的法治应该是以公正作为生命线，公正意味着要加强人权保障，这是非常重要的事情。"先生认为，只有在可知论的指导下，我们才能制定一系列科学的证据规则去查明案件事实真相；同时才有可能去研究运用许多有利于迅速侦破案件的科学检验方法。因此，在诉讼中，特别是在刑事诉讼中，应当在遵循可知论的前提下有条件地适用"可不知论"，才真正符合诉讼的规律，而且是保障人权的正确之路。在客观真实发现方面，学术界退一尺，司法实践部门就可能会退一丈。

在理论争论中心系人权保障的法治目标，先生胸怀家国的格局与胸襟影响了一代又一代的学生，树立了法学教育的标杆。在 20 世纪 80 年代，先生即旗帜鲜明地主张建立国家赔偿制度，反复倡导疑罪从无的原则，力主取消收容审查，呼吁把无罪推定原则的精神规定在刑事诉讼法中，并实行疑罪从无的原则，力主律师要在侦查阶段就介入，强调要加强被害人权利保障，力主审判方式要吸收当事人主义的做法，同时应当扩大法官的独立裁判权，还主张把死刑执行方法改革得更文明、更人道等。这些主张都被后来通过的《中华人民共和国刑事诉讼法修正案（草案）》所采纳。如若不是心系民瘼，先生就无法提出如此多闪耀着人文主义色彩的理论见解，更无法在重重改革阻力之下仍然坚持自己的学术主张并终获认可。中国刑事诉讼法学之所以能成为改革法学，成为进步的法治之学，先生厥功至伟。

三、陈光中先生法学教育思想的深刻启示

全面依法治国是一个系统工程，法治人才培养是其重要组成部分。习近平总书记指出，"法治人才培养上不去，法治领域不能人才辈出，全面依法治国就不可能做好。"在新时代的法学人才教育工程中，如何继承贯彻先生教育思想的精髓，助力于培养大批信念坚定、德法兼修、明法笃行的高素质法治人才，具有重要的理论和现实意义。

（一）鼓励探索，学术争鸣

泛海能知天地阔，为学从来推敲多。一方面，法学不是一个自给自足、故步自封的封闭学科，法学需要从哲学、社会学、政治学等社会科学乃至从心理学、计算机科学等学科不断汲取有益养分，丰富完善自身的理论体系；另一方面，法学之中观点林立、争论喧嚣，没有一种观点可以一劳永逸地应对争议问题。先生固然有自己坚持的观点，但先生一直积极地关注他人的观点，将其中的合理因素吸收进自己的学术成果中，先生亦常常鼓励学生勇于探索、敢于创新，哪怕观点与先生相左，只要言之有理，均可自成一说。因而，我们既要积极推动知识重构和学科专业深度交叉融合，促进思维革命、跨界融通与范式转化，培养复合型、创新型法治人才；又要鼓励学术争鸣，创造学术讨论的环境，搭建学术交流的平台，特别是奖励善于提出原创观点和理论的后进学子，在观点的交锋与碰撞中激发真理的火花。

（二）力学笃行，知行合一

法学不是书斋里的学问，而是为法律制度建设服务的实践学科，只顾埋头于书本既不可能精通法学，更不可能对法律实践有所裨益。先生也一再强调学以致用、知行合一，将所学知识运用于实践中，在实践中反思完善自己的知识体系，从而实现知与行的循环递进。全面推进依法治国，需要将法治人才培养模式的优化与法治队伍建设的现实需求充分对接，要求法治人才具备基本的法律职业技能和较强的法治实施能力，进一步优化实践教学成为法治人才培养的关键。在法律教育的总体目标与统一规格基础上，提高法治人才培养中的实践教学要求，将实务部门的优质实践教学资源引入到高校中，通过建立协同育人的长效机制，打破学校与社会、企业、政府部门的体制壁垒，加强校企、校府、校地、校所合作，引入政府部门、法院、检察院、律师事务所、企业等实务部门力量参与法治人才培养，真正实现在法治人才培养中同步实践教学。

（三）立德树人，德法兼修

习近平总书记在党的二十大报告中指出，"办好人民满意的教育……全面贯彻党的教育方针，落实立德树人根本任务，培养德智体美劳全面发展的社会主义建设者和接班人"。法学是一个涉及价值判断的学科。当法治人才服务于社会，运用其法治思维和法律知识解决具体问题时，不可避免地会运用到价值判断。法治人才培养目标决定着法治人才培养的方向和立场，也关系到法治人才培养的方法和路径。立德树人、德法兼修是社会主义法学教育和法治人才培养的根本底色，铸就法治人才之魂。因此，在法治人才培养的过程中，须坚持先生德才并举的教育思想，教师言传身教、以身作则，引导学生树立坚定的理想信念、正确的价值观念和良好的道德品质，正确认识各种社会现象，明辨大是大非。

陈光中先生执教70年间，手植桃李，将自己的学术生命传递给年青一代，案牍劳形，用最明澈的语言表达着深邃思想。真可谓：桃李满天下，文章传后人。十年树木，百年树人，优良之教育事业乃一个国家和民族长远发展的动力源泉。先生以毕生心血践行的教育理念，是我们在新时代为党育人、为国育才的宝贵财富；学习发扬先生的法学教育思想，必将促进中国法学教育的高质量蓬勃发展。

葛　琳[*]

我眼中的陈光中先生

得知要举办陈光中先生执教 70 年庆典的消息，十分感慨。从先生门下博士研究生毕业已经是 15 年前的事，这在先生的从教生涯中微不足道，对我却是值得终生珍视的宝贵经历。先生的学术成就和他对诉讼法学科发展所做的巨大贡献已经有目共睹，无需我赘言。作为先生学生中普通的一员，我更愿意从个人的、感性的角度谈谈先生在我眼中的三个形象：一位不知疲倦的学者，一位严格而公允的老师，一位热爱生活的可亲长者。

先生是一位不知疲倦的学者。我的印象里，先生始终是忙碌的。毕业之前，年逾七旬的他经常参加学术活动，承担着重要课题项目，还经常带着学生赴全国各地基层司法机关调研，日程总是安排得很满。讲起课来也中气十足，思路清晰，对学生有问必答，让年轻人都自愧不如。毕业之后，见面的机会少了，但每次去看他，家里的茶几上总是摞满博士学位论文、教材或课题成果的稿子，也时常能从微信群、媒体上看到他参加学术活动、给学生上课的消息。我由此理解了先生不知疲倦的原因，学术研究和教学早已被先生视为安身立命的事业，他越忙越感到快慰喜悦，真的是醉心其中，乐此不疲。

先生是一位严格而公允的老师。在我的记忆里，向先生交稿时心中总是惴惴不安的，因为他的要求很高。在写作论文方面，他从不追求以云山雾罩、不知所云的概念或理论撑门面，而主张用平实简约的语言讲清道理；鼓励旁征博引，但要根基扎实，引用数字和别人的话务求准确，避免以讹传讹。他指导的文章几乎都要数易其稿，修改之处常密密麻麻，遍布纸页。我有幸在读博期间担任先生的学术秘书，见证了他反复修改论文、讲稿、课题成果的一丝不苟，一个注释要反复查证，一个用词要反复斟酌，对自己、对学生皆是如此。他还常结合社会上的热点案例给学生出命题作文，力求让理论成为剖析现实的利器，而不是纸上谈兵的摆设。所以，做先生的学生压力是一时的，获益却是终身的。

先生在招生方面的公允也众所周知，固守着处事中的程序正义。一旦成为他的学生，无论资质如何，都能获得他的悉心指导和难得的锻炼机会。因此，70 年来，他灌溉的园子里百花盛开，芳姿各异，有叱咤风云的学界、实务界领军人物，也有单纯以读书思考为乐的一介书生，这都是拜他有教无类、金针度人的教育理念所赐，而最欣慰、最有成就感的还是他这位不辞辛劳的园丁。

先生是一位热爱生活的可亲长者。近距离接触先生可以发现，他在做学问之余兴趣广泛，喜欢武侠电视剧，是足球比赛的忠实粉丝，能把民歌《茉莉花》唱得声情并茂，年轻

* 陈光中教授指导的 2004 级博士研究生，最高人民检察院第五检察厅一级调研员。

时还拉得一手漂亮的胡琴。他曾对我们说，在工作、读书之外有点愉悦身心的爱好，生活才会张弛有度。他也并不主张学生把事业成功作为唯一的人生目标，而推崇事业、家庭要有所兼顾。丰富的人生阅历和健康的生活态度使他不仅从导师的角度对学生严格要求，也从长辈的立场理解和支持学生走多样化的道路。平和达观，收放自如地对待生活，这是我从先生身上看到的又一受用终生的人生秘诀。

古人说，立德、立功、立言为三不朽，我理解，立德就是做人，立功就是做事，立言就是做学问。先生以立言成就功业，以立德教化学生，作为一位知识分子，他的成就令人羡慕，也经常令我反躬自省，寻找平凡与卓越的差距之所在。在先生执教 70 年纪念之际，衷心祝愿"90 后"的他健康长寿，继续忙碌于他所钟爱的法学学术和教育事业。

阿尼沙[*]

一定要将民族团结的神圣使命贯穿到审判工作当中

——记恩师陈光中先生对一名少数民族法官的培养

我的家乡在新疆哈密，是新疆通向内地的要道，虽然身处边疆，但我从小就有一个法官梦。为此，作为维吾尔族人的我，从小学好国语，如愿来到西安上大学。硕士研究生毕业后，我通过考试来到西安市中级人民法院工作，通过各种考试后被任命为一名助审员。但是，审判实践中遇到的问题千变万化，让我感觉自己知识储备不足。2003年，适逢先生带领几名博士研究生到我院调研，我向先生表达了我想继续深造的意愿，先生了解了我的情况后，鼓励我学好外语，关注刑事审判实践中程序性的问题。我在工作之余，挤出时间，牺牲了所有的周末时间，一心备考。历尽千辛，2008年我终于通过了笔试、面试，成为先生的法学博士研究生，也是先生的第一名维吾尔族博士研究生。院里也支持我继续深造，终于我来到了北京，来到了中国政法大学，能亲耳聆听先生讲课。

攻读博士学位期间，每每聆听先生讲课，座无虚席，先生的动态平衡诉讼观、司法改革的系统主张，包括审判、检察独立、辩护制度的完善、刑事诉讼原则和证据规定的完善等内容，让我汲取了很多营养，也对之前审判实践中遇到的问题有了清晰的答案。与此同时，先生并未因为我是少数民族就放松对我的要求，而是要求我结合自己的工作，搜集整理问题。由此我关注到刑事诉讼中易被忽略的少数民族程序权利保障的问题，在先生的悉心指导下，我撰写了《程序公正与庭审中民族语言的平等实现——以我国刑事诉讼中少数民族翻译的作用为视角》等文章，并发表在权威期刊上。先生时常教诲我："你是我的第一位维吾尔族博士研究生，一定要为国家的民族团结做贡献，将民族团结的神圣使命贯穿在审判工作当中。"先生的教诲，就像为我的人生亮起了一盏灯，让我明白了作为民族法官的神圣使命，一定要充分发挥我的民族优势。在读博期间，我克服各种困难，撰写了博士学位论文，几经修改，以《民族语言风俗在刑事诉讼中的应用研究》终于出版成书。该研究成果在程序法中探讨了民族语言风俗习惯与刑事司法的结合，弥补了在这一领域著作和论述空白的缺憾。毕业后，我回到单位从事刑事审判工作。在工作中遇到刑事诉讼中的难点问题，我会打电话、发微信向先生请教，先生都会及时向我答复，避免了我在审判工作中出现程序性的错误。

---

[*] 陈光中教授指导的2008级博士研究生，西安市中级人民法院刑二庭审判长。

先生已是耄耋之年，却依然为国家的法治事业做出各种贡献，先生的各种著作都会从北京寄给远方的学生，让我能从理论上充实自己；依然在传道解惑，培育法律高端人才。这些年，先生的知行合一、学以致用在《中华人民共和国刑事诉讼法》修正中均予以体现，还促进了监察制度改革，并不断完善着他的学术思想。而这些学术思想，无一不在审判实践中体现，以审判为中心、证据裁判规则，这些都是我们刑事法官必须遵循的原则，唯此才能保证每一起案件都办成铁案，经得起历史考验。先生无私奉献的精神，感动着我，让我在审判工作中不断挑战自己，办理各种类型的案件特别是疑难复杂案件，同时充分发挥民族法官的优势。从事刑事审判工作9年来，我仅有一起案件被上级法院发回重审，其余案件均圆满审结。这些年，我先后荣立个人三等功两次，获陕西省五一劳动奖章并被评为陕西省民族团结进步先进个人等各种政治荣誉，任市政协委员、省人大代表等职务，并经组织推荐，作为少数民族优秀代表光荣赴京在天安门广场参加了建党百年的活动，亲眼见证了这一伟大历史时刻。而这些荣誉、成绩的取得，与先生对我的培养是分不开的。

今年，是先生执教70周年，桃李满天下，先生为各个岗位培养了众多国家栋梁之才。回顾这些年，先生就是我的人生导师，在学术上毫无保留地帮助我，在思想上引领着我，让我取得了一个又一个的成就。

作为先生众多门生中第一位维吾尔族法学博士，我一定会将民族团结的神圣使命贯穿到审判工作当中，铭记先生的教诲。

2022年7月，先生执教70年，92岁高寿，祝愿先生和师母身体健康，福寿绵延。

郑成昌[*]

郑成昌[*]

向真正的法律人——尊敬的陈光中老师
——致以最崇高的敬意

2002年学生在澳门大学（以下简称"澳大"）法学院修读第二届中文法律硕士课程，当时法学院邀请了中国政法大学终身教授陈光中老师前来澳大作客席教授，使学生有幸一睹陈老师的风采，并接受其教导。

在课堂之中，学生深深体会到陈老师除了以批判的角度来检讨现行我国的刑事诉讼制度之外，而且还很有前瞻性，提出了很多改善的建议，令学生的眼界大开。

由于学生一直对刑事诉讼有着浓厚兴趣，故此修读方向亦是以刑事诉讼为主，当时硕士论文的题目为：《论澳门刑事诉讼中供未来备忘用之声明制度》。在寻求硕士学位论文指导老师时，学生冒昧请教澳门大学法学院赵国强老师可否一同指定陈老师和赵老师两位一起作为学生的指导老师，有关请求最终获法学院批准，指定两位在刑事诉讼法学界及刑法学界均为翘楚的老师一同为本人之硕士学位论文指导老师，使学生打下了坚实的基础，大大地提高了写作论文的技巧和水平。由于当时澳门和北京之间的交流活动较为频繁。使学生得以经常亲身到北京接受陈老师的指导，深深体会到了天外有天，人外有人的道理。到了北京，除了得到陈老师的热情招待和指导之外，还结识了不少中国政法大学的同门，开始孕育了在中国政法大学修读博士研究生的种子。

2006年从澳门大学硕士毕业后，本人开始着手预备报考中国政法大学博士研究生，除了得到陈老师的首肯作为本人之指导老师之外，还得到陈老师的鼓励和支持，使得学生最

---

* 陈光中教授指导的2009级博士研究生，中国澳门特别行政区律师。

终于 2009 年考取了博士研究生的资格。从这时起，学生尽量放下澳门的工作，一有空闲便前往北京上课、学习、撰写各项功课、发表论文、接受评核、与老师及同学们一起研究和交流，出席中国政法大学各项大小活动。记忆犹新的是陈老师主持的《陈光中教授八十华诞庆贺文集》的投稿及校对工作，以至参与中国政法大学刑事法律研究中心举办的中国刑事二审程序改革国际研讨会。除此之外，2010 年我还获得了中国政法大学（以下简称"法大"）的"宝钢奖学金"。

而在学生就读于法大期间，新的校园及学生宿舍刚好建成，学生幸运地与另一位韩国来的博士研究生获分配了一个宿舍房间。虽然曾经历过零下 18 度而且下雪的严寒天气，但充份地体验了温暖的法大校园生活、食堂的滋味、澡堂的热水浴、蓟忆咖啡室的舒适环境。记忆最深的，还是期中考核及博士论文答辩时同学侍奉老师们的温馨情景，所有的细节还历历在目。这段日子，可以说是学生一生之中最值得怀念的日子。

获知学生新书即将发表时，老师还特地替学生作序，师生的浓厚情谊，永世难忘。

尊敬的陈光中老师将一生的精力和生命奉献于法律，为国家培育了一批又一批的法律精英，是老师中的老师，真正做到春风化雨、桃李满门的楷模，我由衷地称呼陈老师为一位真正的法律人，并向老师致以最崇高的敬礼！

胡献旁[*]

先生回白泉小学纪事

时维辛卯，序属三秋。先生回到白泉小学，题词勉励；创建教育基金。墙外小径，杨柳依依。小径之南，溪波荡漾。校园之东，古亭古杏，别具风景。先生漫步小径，至古亭古峦处驻足，仰观古杏，俯察流水，又远瞻前方良久。予谨以诗录之。

梦水忆山回乡游，白泉如玉正三秋。
基金创建勉后学，母校题词鉴高楼。
小径小柳声落落，古亭古杏叶悠悠。
多情最是楠江水，岁岁年年不停流。

壬寅年秋月作于京华愚生胡献旁

---

[*] 陈光中教授指导的 2009 级博士后，北京市汉衡律师事务所主任。

郑　曦[*]

我所见的先生二三事

我第一次见到先生是在 2003 年温州中学百年校庆之时，那时我在台下仰望先生，脑海里蹦出的第一个词就是"高山仰止"。后来有幸考入中国政法大学，大一时就下定决心，一定要报考先生的博士，可以说我怀有追随先生的愿望由来已久。2010 年，经过初试、复试、面试，这一夙愿终于实现，也使我有了与这位刑诉泰斗零距离接触的机会。

2010 年适逢刑事诉讼法学界为先生筹备 80 大寿庆典，蒙先生器重，我承担了《陈光中法学文选》第一卷的编辑工作，在这次工作中，我第一次感受到了大师对待学术近乎"严苛"的态度。在"文选"的编辑过程中，先生十余次召集我们就"文选"的文章选择、内容增减和学术规范问题进行探讨。先生对于"文选"的学术水平要求设立了极高的标准，凡是先生觉得未能达到这一标准的论文，一律被拒之门外。我曾戏言"我等做加法，先生做减法"，而先生则回答"文章在精不在多"。我所编辑的第一卷涉及较多先生早期发表的文章，尤其是有一些涉及我国古代司法制度的论文，其中包含有大量的古籍材料和古体字，编辑工作一开始进行得较为艰难。我每遇到难以处理之处时，便向先生请教，先生总是悉心地给我提供指导，并一再叮嘱要确保每个古籍材料和古体字的准确性。最终在先生的严格督导下，"文选"终于以极高的质量面世，在法学界引起了极大的反响。

2011 年 11 月，《法制日报》和《新京报》关于浙江吴大全案的报道引起了先生的关注，在了解到吴大全受到了公安机关的刑讯逼供的情况后，先生愤慨难平，立刻建议我就该案件写一篇案件评论。在我的初稿写成后，先生提出了许多修改建议。先生语重心长地告诫我："社会科学是一门科学，不像诗歌，能够一气呵成，社会科学的好文章不是写出来的，而是改出来的。"尤其在了解到报纸对案件的报道中部分内容偏离事实后，先生当即给我打电话，让我删除所引用的不准确报道内容，以确保评论基础的精确性。有一日先生在他的办公室中与我就文章的内容进行了反复的谈论，甚至亲自对我的一些文字进行修改润色，这样一直持续到晚上 11 时许，直到文章的内容和文字都使人基本满意时，先生才回家休息。在先生的指导下，我对文章进行了多达近 10 次的修改，最终文章顺利发表。

在学术研究方面，先生是一丝不苟的，但在平日里，先生却极易相处。先生年轻时是业余乒乓球高手，如今年岁虽高但对球类运动的兴趣丝毫未减，闲暇时只要有羽毛球、乒乓球或者排球比赛，先生都看得津津有味，也常常为中国队的失利而唏嘘感慨。先生常常乐呵呵地给我们讲他的人生经历，也很难从先生口中听到怨天尤人的话，听到更多的是诸如在广西大学自制香烟以自足和忍痛戒烟之类的趣事，无怪乎人们常说先生是"天生乐天

* 陈光中教授指导的 2010 级博士研究生，北京外国语大学法学院教授、博士生导师。

派"。对于学生们，先生则慈爱有加，无论是工作、学习还是家庭问题，先生都时常过问，甚至也关心学生们的"个人问题"。于是同门兄弟姐妹在恋爱谈到特定阶段时，常会带着"另一半"到先生家拜访，请先生"审查把关"。

在 80 大寿的庆典上，先生曾赋诗一首感怀明志："风雨阳光八十秋，未敢辜负少年头。伏生九旬传经学，法治前行终生求。"会后，先生对我笑言："如今我和你一样，也是'80 后'了。"转眼 12 年过去了，但每次想到此情此景，我总是不禁一边嘴角挂着笑意，一边在心里默默祝愿先生健康快乐、永葆青春。

谢丽珍*

陈光中先生的少年时代

在中国传统文化源远流长的瓯越大地，有一座山水之城——永嘉，它是中国浙江省温州市下辖的一个县，位于浙江省东南部，瓯江下游北岸，东邻乐清、黄岩，西连青田、缙云，北接仙居，南与温州市区隔江相望。作为中国山水诗的发源之地，也是国家重点风景名胜区，"南川山水甲东嘉，十里澄潭五里沙""盛必云岚烟树榭，弯弯流水夕阳中"的楠溪江就位于永嘉县内，以水秀、岩奇、瀑多、村古、滩林美而名闻遐迩。楠溪江畔的白泉村，位于大若岩镇，为陈姓聚居繁衍之地。相传白泉村内有井，水白如玉，因而得名。"溪山第一溯珍川，渠水潆洄出白泉""居临白水观鱼跃，门对琴山听鸟歌"，白泉地理环境得天独厚，其山环抱而四合，村舍依山而筑，前临楠溪，视野开阔，环境优美，"东连陶公洞幽深，西接百丈瀑如帘；南面琴山钟秀气，北有白水起文波"，水源丰沛，人烟稠密，风气淳美。1930年4月21日，农历三月廿三，我国当代著名法学家、中华人民共和国刑事诉讼法学的主要奠基人之一陈光中先生诞生于浙江永嘉白泉的一个士绅家庭。"光中"这个名字，取"光大中华"之意，可见父母之期许。

一、白泉小学

"一等人忠臣孝子，两件事读书耕田"。耕读文化是永嘉地方特色文化中极为重要的组成部分，也是永嘉传统文化的明信片，兼顾儒家"穷则独善其身"的豁然阔达和道家"复归返自然"的返璞归真。受此影响，永嘉境内特别是楠溪江沿岸古村落历来都很重视教育。与此同时，魏晋时期和宋朝两次人口大规模迁徙使不少读书世家迁居永嘉，在此建村落户。受中原先进文化和科举取士制度的影响，他们更希望子孙后代能继续"读书入仕，光宗耀祖"。"读可荣身，耕可致富"作为永嘉人宗族的传统，已经深深融入到了永嘉人的血液之中，代代相袭。白泉的陈氏家族也是重视耕读文化的代表之一，尤其是重视对家族子孙进行传统古文化的教育，陈光中先生年少时天资聪慧，学习成绩常名列前茅，上小学时，白天就读于课堂，晚上由其堂伯父（清朝秀才）教读古文、古诗，练大字，到小学毕业时，不少古文、古诗已琅琅成诵，如《出师表》《陈情表》《赤壁赋》等，《四书》——《大学》《中庸》《论语》《孟子》也已熟读在胸。少年时代的陈先生性格开朗，爱好广泛，在抗战时期的穷乡僻壤，除了学习，他还有丰富的业余爱好，如读《水浒传》《西游记》等古典小说，下象棋、游泳、打乒乓球、拉胡琴。"那个时候乐器比较少，胡

* 本文主要根据先生口述，并从白泉小学、济时中学、温州中学收集历史资料形成，温州大学法学院副教授，硕士研究生导师，陈光中先生指导的2012级的博士研究生。

琴是相对容易能买到的乐器，我喜欢学习之余拉拉胡琴，现在还会拉一些曲子。"陈先生这些少年时代的爱好，都坚持得比较久，有的保留至今。

二、济时中学

陈先生少年志高，认为一个人不应当碌碌无为，虚度一生，应当在"立功、立德、立言"上有所建树。1942 年春，他以第一名的成绩毕业于白泉小学，后考入济时中学学习。"那个时候小学毕业都要排名次的，之所以记得是第一名毕业，是因为当时我同另外一个同班同学两个并列第一名，成绩往上报时学校说不好报，学校就说我岁数小一点是不是就不报了，我听到后都急了，跟学校争取，后来还是报上去了，所以我印象深刻。"想起小时候的意气，鲐背之年的先生笑着说。

济时中学，全称为"私立济时初级中学"，是 1938 年 7 月，即抗战开始后第二年，由永嘉名士徐石麟先生、陈修仁先生协同楠溪贤达，为培养人才，救亡图存，在枫林小学创立私立济时初级中学。翌年 3 月，校董会邀请著名教育家金荣轩先生任校长。学校取名"济时"，即"共济时艰"之意，根据金荣轩先生的解释，指的是办学是为了适应时代需要，补充时代短缺，促进乡村文化，培育战时人才。1940 年，为方便学生入学，校址迁往西楠溪中心地点渠口（渠口上方村）[1]，着手建校舍三座，并完善学校制度。

金荣轩先生留学日本十多年，对当时世界的先进教育思想理解透彻，结合中国当时的实际，形成一套比较完整的教育改革理念："①教育为救国。②教育为生产。③依法治校，激发学生的内心觉悟。"故一直以来，济时中学以"适应时代，实施乡村中学教育，培养能改造中国社会，促进民族文化之健全青年"为宗旨，以"推行地方自治，促进乡村文化，提倡生产教育，发挥劳作精神"为目标。金先生任校长不久，即为学校制定并手写了"整、齐、勤、朴"四字校训，并正式解读为："整——一起振作精神，齐——全体团结一致，勤——大家为公努力，朴——随处实事求是。"在校训的教导、激励下，陈先生开始立志，努力学习，团结一致，做一个对国家和社会有用之才。

陈光中先生非常珍惜抗日烽火漫天的年代还能在济时中学读书，他学习十分刻苦。济时中学虽然地处农村，交通不便，校舍简陋，但师资力量雄厚，对学生的管理也很严格。老师除了留学日本的金荣轩先生（后来做了温州中学校长），还有讲课条理清晰、课堂妙趣横生的陈修仁先生，"陈修仁先生在课后教我们唱郑板桥的《道情》，老渔翁，一钓竿……"先生说此情此景，至今记忆犹新。另外，陈先生的伯父陈应如先生也在济时教书，后来做了永嘉中学的校长。

陈先生在济时中学求学时值抗日战争，全校师生同仇敌忾，洋溢着抗战爱国的气氛。为激发学生的精神，学校时常举行抗战时局报告会、出征军人家属招待会等，并在学生中成立军事训练团，对高年级学生实现军事训练。音乐课上，老师教学生唱抗日歌曲，如《义勇军进行曲》《松花江上》等，激发同学们的抗日热忱。这些抗日歌曲，陈先生至今还会吟唱。那时的生活带有军事管理的色彩，每天的作息信号不是打钟摇铃，而是吹号。早上先在操场上排队唱歌做操，然后再用膳。天晴日，必在早、晚餐前举行升降国旗仪式，一听号声便需快速集合，时间不超过 3 分钟，并要求做到"快、齐、静"。以此训导学生适应战时环境，养成严明的纪律。"那时温州县城已经被日本人占领，我们在乡下，

---

[1]　（东晋）谢灵运《游名山志》："芙蓉山，去瞿口五十里。"瞿口，今作渠口。

为了躲避日本飞机的连番轰炸，我们上课都是上两头，一早一晚，早上很早起来读书，晚上点着煤油灯统一晚自习，其他中间时间，我们疏散到山里头、河边、树林里躲避。"陈先生讲，虽然济时中学的3年时光非常艰难，但他在济时中学雄厚的师资力量、严格的军事管理下，不仅打下了扎实的知识基础，也养成了良好的学习习惯。

三、永嘉县立中学

1945年春初中毕业时，陈光中先生又以第一名的成绩考入永嘉县立中学（今温州二中）。永嘉县立中学的前身为永嘉蚕学馆，由近代经学大师孙诒让始创于1897年。1954年，选址于海坛山麓，始称"温州第二中学"。

高中一年级的上半年，学校还在永嘉岩头的农村（今永嘉枫林），永嘉县立中学距离陈先生家比较远，为了学习方便，陈先生住校学习。上半年结束后刚好赶上日本投降，学校搬到永嘉县城（今温州市区），先生家也搬到县城，先生开始进城读书。后来，温州中学，那时称为浙江省立温州中学也搬到永嘉县城，温州中学的教学质量和学生水平都比其他学校高一点，为了以后更好考大学，陈先生转学到温州中学读书，所以陈先生的高中3年，第一年在永嘉县立中学住校，第二年和第三年在温州中学走读。

四、温州中学

浙江省温州中学创办于1902年，初名"温州府学堂"，1902年，国学大师、教育家孙诒让商请温处道童兆蓉和温州知府王琛，将温州府属中山书院改为温州府学堂，所以浙江省温州中学初名为"温州府学堂"。1906年，温州地方当局决定以旧校士馆为址创建温州师范学堂。1908年学堂建成。师范学堂后易名温州师范学校、浙江第十师范学校。1923年，教育部新学制（壬戌学制）要求将各地省立师范学校并入当地省立中学。于是十师和十中合并，校名仍是浙江省立第十中学校。1933年学校改名浙江省立温州中学。1939年至1945年间，温州3次沦陷，学校数度迁址，先后在青田水南、村头、南田和泰顺江口等地办学。日本投降后，温州中学才迁址到永嘉县城（今温州市区）。

温州中学的教学抓得非常紧，陈先生在努力学习的同时，还积极参加学校组织的各项学科竞赛，"印象深刻的是学校组织的一次征文活动，学校出题目，我们学生自由选择是否参加，主题大概是我的母校——温州中学，我抽时间写了一篇文章投稿，后来征文结果出来粘贴在学校的布告栏里，第一名是高铭暄，第二名陈光中……温州中学的校史馆里还保存着当时的征文结果呢。"想起往事，先生很是开心。

1948年春天，陈光中先生以优异成绩从温州中学毕业，因高考在夏天，陈先生在家停留了半年。那时候的大学没有规定全国统一招生，各个学校都是自己定时间，学生根据自己意愿自由报考。北大清华是联合招生的，陈先生当时报考了清华大学、南京中央大学（现在的南京大学）等三四个学校。1948年夏，陈光中先生以奖学金名额（占考取名额的20%）考取了清华大学、中央大学法律系，并就近入读中央大学。1950年夏，他通过考试转学到北京大学（以下简称"北大"）法律系，1952年夏季毕业。在北大学习虽只有短暂的两年，但此时的北大，追求民主、科学的气氛浓厚，爱国主义的传统和勤奋治学、自由探讨的学术气氛，深深地感染着陈先生，这种影响伴随他的一生。

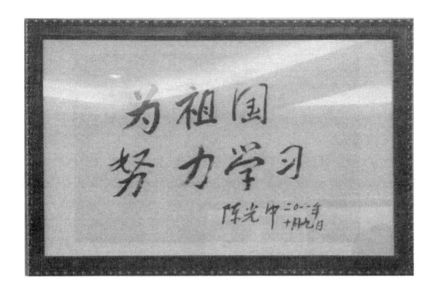

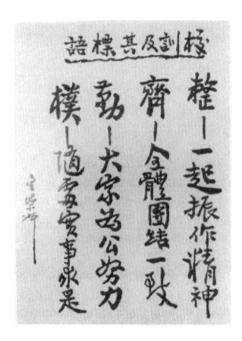

校训及其标语

整齐勤模

整——起振作精神
齐——全体团结一致
勤——大家为公努力
模——随凡事求是

私立济时中学历任校长（1938~1956）

济时中学早期部分师资来自清末浙江两级师范学堂毕业生，宣统三年五月，长江四级科学专修科毕业生徐承轼（二排右四），陈应如（三排左五），徐青川（一排左一），王立洲，李信伦等……人，高翻冷定超（一排左五）与教员明公潮（一排一）同七人合影（校长毛邦琼等老师校长聘请合影。

济时育才
功在千秋
第七届校友陈华光题
二〇〇二年十月十二日

李卫红*

光风霁月，良辰美景

两年半的博士研究生求学时光，即便自然界偶尔的雨后彩虹、花晨月夕，内心深处却是恒久的美景。恩师的精神光芒，如日月一般一直照耀着我。

人生只一世，自己想要什么就去争取什么。我一直想攻读博士学位，虽然已走完近半个世纪的生命里程，但岁月依然阻挡不住内心的渴望。得知陈光中先生招在职博士研究生，但设定了非常严格的条件：正高职称、核心期刊文章、专著、获奖等，我通过安文霞博士联系她同学肖沛权博士请示先生后，提交申请，获批。2013 年 9 月 1 号背着书包入学，与年轻人一起听课、考试、修满学分。秋窗读书，枫丹松绿，一年中最美的季节，也是我一生中最值玩味的过往，成熟中却含青翠，秋水与长天共一色。当时想象中的无比欢喜，现已都成回忆，满满的全是幸福与知足。

所有博士研究生经历的入校的兴奋、上课的忙碌、考核的紧张、开题的争论、论文撰写的艰难、导师指导的严格、答辩结果的未知等，我都一样地经历，但个人的经历内容不同，读博当时与后来往日重现的感受不同。于我而言，尤其难忘博士学位论文开题，从中的收获，终身受益。

记得 2015 年初，学院通知 1 月 9 日开题，后又临时通知改到 8 日下午 4 点半，那天开题的还有包献荣、孔斯坦丁，我想第一个汇报，但先生说：小包你是正式的，你先说。我赶紧退回来，让他先来。我第二个出场，我把自己的材料给了卫跃宁老师，只能直接汇报，先生不满意，提出一连串的问题："你的实体性在哪里？实体与实体法不是一回事，我和你讨论过两个多小时，我还是拿不准，我得请两个刑法专家、两个诉讼法专家和我一起看看你这个能不能过，我没把握，不能轻易答辩，万一不过我可担不起。"我想为自己辩护，先生要表达他的思想，我就认真听着记着，但没机会说我论文的要义，我急得眼泪往上涌，可我还是极度克制着，汪海燕老师见此情况温和地说："让李老师说完。"我强行压制着哽咽继续表达我的想法，我说了一半先生就打断说，"我指导了 3 个写刑事和解的博士，都不错，到你这我拿不准啦！你是教授了，又带研究生多年了，我不好跟你争什么"。我停下来，只要先生说话，我就不敢吱声，瞬间心里的委屈在堆积，一点点漫延，我把控不住了，泪水如大坝被冲毁般汹涌而下。我已好久没听到过如此的否定与不容辩解。我一边做着记录，记下老师们的问题及指导，一边用纸巾擦着鼻涕眼泪。

卫老师先肯定选题，再说问题，应当将理论那块儿放前面；海燕老师做了两点肯定，

* 陈光中教授指导的 2013 级博士研究生，中国社会科学院大学法学院教授。

一是选题有新意，二是内容创新，只是专业不同，会有不同的理解，他也同意卫老师的意见；刘玫老师说，你前面说刑事和解不是恢复性司法，后面怎么又专门论证恢复性司法，我说可能用词上有问题，前者是实体与程序的结合，后者仅仅是程序。最后也不知怎么结束的，反正我说了"谢谢"就赶紧拿着包、大衣低头快步出来了，泪水横飞，天昏地暗。

海燕老师跟了出来，我更一发不可收拾。找一拐角处，由不得自己，大哭。海燕老师站我身边，不停地劝慰。他说："这算什么，导师们总要指导吧，让你的论文更好，冲击百篇优秀；前两天先生和我申请一课题，下面坐着的都是先生学生辈的，不是也说这说那，先生谈笑风生，那气度咱得学啊！"我什么也听不进去，只瘫痪在自己的情绪里。这一年半我面对老师学生之间的角色转换，时时小心谨慎，生怕出什么差错，这次或许终究还是因对自己的不满而情绪大爆发！我说谢谢，我走了，替我跟其他老师说对不起。他说我送你上车，我说不用啦，改日我专门道歉。我依然止不住地大雨倾盆，一路开车一路委屈，快到小区时，才让自己稍稍平静一些。

原定9日下午4点先生请在校生唱歌、聚餐，师生可在学术、情感等多层面交流，我已回复小师弟一定准时到，没想到发生8日下午开题事件，我不能去了。先生不满意我的开题报告，我只有好好学习，不去参加各种各样的聚会。但可能在潜意识里，我那"劲儿"还没过去，就像小学三年级时跟父亲闹别扭离家出走，求关注、求自我，求证自己在最敬爱的人心中的位置。我给先生发信："陈老师：特别感谢您的严格要求，我定更加努力做好论文，争取按您的要求1个月后向您汇报！我在家好好学习，就不参加今天的聚会了，请先生恩准！还请先生原谅我的所有过错！"先生马上回："你吃饭一定要来，否则我心不安！陈。"我又心绪狂乱，甚至冲动想去参加了，但迈不动步子。片刻冷静后，我回先生："是我对不起您，先生！等我思过后专门请您和师母出来向您赔罪！"为平息内心强烈的震荡，我去小区地下球场打球，我把手机放在我打球时一眼可望到的地方，把声音调到最大，如果先生回我信息，我可秒回，心里既期盼又凌乱，结果先生没再回。6点多一点儿，我打球回来正上楼时，小师弟来电说先生等你来吃饭呢！我说我跟先生请假啦，谢谢啊！心中五味杂陈。所有这些都证明先生把这当一回事了，我心里好受许多。50岁的人了，多么幼稚！

此时此刻，内心酸甜苦辣上下左右搅动。我感谢先生收我入门，实现我人生的一个梦想，可我在和先生相处时还本能地使着小性子，多变的情绪击得我溃不成军。但当时间让我沉淀下来，慢慢地不断反省，这一经历成为了我人生最宝贵的财富。自己深刻的体会如下：一是先生的人品与学品为我树立了样板，不管你是谁、有无德能，只要是先生的学生，先生就会从心底关爱，以致温暖你的往后余生。以后当我面对自己的学生时，也会学问严格、生活有爱。二是先生拓展了我的生命格局，提升了我的为人修养、为学涵养，尽可能地让自己意识到应当走出自我，减少无处不在的自以为是，无论何时何地何人，每一个体都有无限的努力与提高空间，因为认知有限、道无尽头。三是这一段求学时光中，先生给了我美好生活本身，点点滴滴，细密的针脚缝入我后来的人生，一路走来，踏实有力，充实美满，了无遗憾。先生成为先生是有理由的，每当学生们请教学问之道。先生总是微笑着说："时间长了，就什么都有了。"生命的长度是一回事，生命的厚度与质感是另外一回事，两者兼有、苍天厚爱、自身修得。先生总是自谦，从不指责、抱怨什么，却不断反省自己，身体力行地教书育人、推动国家的法治进程。先生大道至简、纯粹有节，凡事皆沿着内在规则与理路，过程与结果可按照常识与逻辑导出，且自始至终贯穿爱，学生从中获益匪浅。那样的精神境界，学生们在一起每每谈起，都是无限的敬仰。

我写好本篇第一稿时第一时间（11月13日下午3点45分）发给先生，请先生批评指正，先生14日下午2点24分回我："我现在再说明一下，我的学生开题事先要经过我审查修改同意后才能进行，你在职事先与我沟通不够，我对你的提纲又不太满意，所以我中间打断了。现在看起来，双方都有不足，我工作方法简单化了""事后我心中很不安。"我一直认为这事全是我的错，先生却说双方都有不足，他心不安。我沉默多时，内心翻江倒海。那可是鲐背之年的泰斗大先生啊！其实我明白，不是因为我有多特殊承蒙先生理解、包容、关爱，而是先生高风亮节，心胸与格局的宽广坦荡、山高水长。但我还是无比欣喜，因为我遇到了先生。

跟从先生读博，丰满了自己，岂止三生有幸！谢谢先生！向先生致以无尽的恩情与感激！

朱　卿*

春风化雨，润物无声

——祝贺陈光中先生执教七十周年

我能够成为先生的学生，实属幸运。

我和先生的师生缘分始于 2013 年的冬天。当时，先生刚刚启动"中国司法制度史"的项目研究工作，他希望招收一位有法制史专业背景的博士研究生，协助他完成这个项目。我那时是中国政法大学法制史专业研三的学生。面对这个千载难逢的机会，我鼓起勇气提出了申请，最终很幸运地被先生选中。至今我还记得先生正式决定招收我后对我说的一句话：你的人生从此改变了。事实的确如此。我跟随先生读了 3 年博士，接着又在先生指导下做了 3 年博士后研究。6 年里，先生不仅教给我知识，更传授我治学与为人之道。我能够选择以学术为志业，与先生的支持与帮助是分不开的。

先生是我国著名法学家、法学教育家。他培养的博士生、博士后超过 120 人。作为晚辈，我没有资格品评先生的教育理念；但作为学生，我对此有着切身感受。在我看来，先生对学生的教育，恰如那句著名的古诗：润物细无声。先生的言传身教，潜移默化地影响着我们、改变着我们、塑造着我们。在 6 年的时间里，我从先生身上学到了很多，其中，有 3 件"微不足道"的小事，给我留下了深刻的印象。

第一件小事发生在我刚刚进入师门不久。那段时间，先生正在撰写《中国司法制度史》的第一卷——《中国古代司法制度》，有时会让我去他的工作室协助完成一些史料整理工作。有一次，先生一直工作到夜里，我陪同他散步回家。路上，先生随意跟我聊着书稿的写作情况，忽然他很严肃地问我：你认为中国古代有没有独立的民事诉讼？我先是一愣，没想到先生会主动与我探讨学术问题，接着我壮着胆子谈了谈自己的浅见。现在回想起来，我那些观点还非常幼稚，但当时先生并没有简单否定，而是认为我说的有一定道理。接着他又给我讲了其他学者对于这个问题的观点，并表达了自己的看法。这是我第一次感受到先生在学术观点上的包容。作为学界权威，先生虽然对很多问题都有自己鲜明的主张，但从不因此排斥其他的观点。在指导学生时也是如此，先生不会要求学生一定要接受自己的观点，而是鼓励大家有独立的思考。我想，正是因为有这种包容的学术态度，先生才能不断丰富、完善自己的理论体系，先生的学生们也才能不断地拓展研究领域、开阔学术视野、产出丰硕的学术成果。

第二件小事发生在 2016 年的暑期。那时我陪同先生去沈阳参加刑事诉讼法学研究会

---

* 陈光中教授指导的 2014 级博士研究生、2017 级博士后，中国政法大学诉讼法学研究院讲师。

年会。会议当天早上，我来到先生的房间陪同他去会场，看到他已经换好正装，而我却是一身休闲装扮。先生见状正色道：你为什么不穿正装？这么正式的会议场合，穿成这样怎么合适？我顿时觉得羞愧难当，我本以为这次我的身份就是"随从"，任务就是照顾好先生，根本没想过要参加会议，因此也没有准备正装。我于是赶紧向同房间的师兄借了一件衬衫，才避免了衣不得体的尴尬。事后，我反思了自己的过失，同时也意识到，这是先生给我上了一课。虽然这只是一个细节问题，但它反映出先生对待工作的认真态度。先生一生坚持"认真"二字，对待日常小事是如此，对待教学和科研工作更是如此：先生以90岁的高龄仍坚持给博士生授课，先生修改学生论文时总是字斟句酌、反复推敲，先生执着不懈地耕耘学术，从不马虎、从不凑合。正是因为有这种认真的态度，先生才能取得如此卓越的成就。

第三件小事发生在我刚刚博士毕业之时。那段时间，我因为想到自己年近而立，却仍未成家立业，意志有些消沉，于是有一天在微信朋友圈胡诌了几句打油诗。第二天我收到先生的信息，让我去一趟他家里。原来是先生看到了我写的东西，对我的心理状态有些担心。那天，先生语重心长地开导我，希望我以更加乐观积极的心态面对学业和工作，要对自己有信心，还鼓励我要沿着自己选择的道路坚持走下去。老实说，我没有想到先生会为了这点小事专门找我谈心，这让我既意外，又感到非常的温暖。先生的一番话，像阳光一般驱散了我心中的阴霾。我想，每一位陈门弟子应该都有过类似的经历。尽管先生平常工作繁忙，但每个学生成长的点点滴滴他都记在心间，每当学生遇到困难、挫折，只要和先生聊一聊，总会感到豁然开朗。古话说"一日为师，终身为父"，但以年龄而论，先生对于我这个年龄段的学生而言更像是祖父。先生不仅指导我们的学业，也在生活中给予了我们如祖父一般的关爱。作为先生的学生，我们是幸运的，因为我们都是在先生的关怀和激励中不断前行的。

我相信，每个学生在跟随先生读书的岁月里都经历过一些类似的小事。先生教会我们的东西太多太多，远不是几件小事所能概括。但是，无数个这样的小事汇聚起来，就是先生对教育事业倾注的毕生心血。今年是先生执教70周年，作为学生，我由衷为先生感到高兴。如今我也已经成为了一名大学教师，我想知道，如何才能成为一名好老师。其实，先生70年的执教生涯，就是对这个问题最好的回答。

谨以此文，为先生贺！祝先生健康、长寿！

单子洪*

恩泽桃李情深重
——记陈光中先生指导二三事

我于 2014 年入先生门下，成为刑事诉讼法学博士生，忝列高门，惶恐不已。适逢先生从教 70 周年庆，忆先生谆谆教导，深刻指点，记忆犹新：

记得当时初入学，我的学术基础比较薄弱，与其他学术功底深厚的博士相比，未免相形见绌。但是先生谆谆教导，循循善诱，不断点化，让我在高手云集的学习环境中逐渐进步、突破。在我的博士学位论文选题时，我咨询先生能否以《量刑的证明》为选题作博士学位论文。彼时处于以审判为中心的诉讼机制改革与认罪认罚从宽制度改革的学术浪潮中，各种前沿研究尚未臻于完善，可创新的空间极大。然而我却选了"量刑规范化"这一偏于"过时"的研究主题，并不被看好。但是先生却给予我相当大的支持，鼓励我进行创新，并且对我的写作思路进行了指导。在后来开题时，由于研究能力的不足，无论是文章理论还是行文思路、提纲都不甚理想。记得当时多次去到先生家，先生已是耄耋之年的老人家，并且学术工作频仍。但先生仍旧不顾繁忙，付出了极多的精力和耐心，逐字逐句，每章每节对我的论文提纲和思路进行指点和修改。同时，先生还建议我"证明"这一概念要针对"事实"，题目应当改为《量刑事实的证明》。另外在夯实证明理论的基础上，还要加强对刑法理论的研究。最终，在先生的指点下我形成了比较完善的研究提纲。后来在我出国访学期间，先生也不忘敦促、提醒我努力完成博士学位论文。最后，我顺利地完成了博士学位论文并且获得了校级优秀博士学位论文奖，又在此基础上申请到了国家社科基金后期资助项目并出版。可以说，我日后小小的成就与先生细致入微的指导密不可分。

另一件对先生的指点印象深刻的事是关于我出国访学院校的选择。博士期间的国家公派出国留学，需要提前获得目标院校的邀请函，结合其他材料向留学基金委员会提出申请，批准后方可获得公派出国的机会。因此，能否申请成功，其实与申请哪所院校关系重大。当时由于我修过日语，又有英语成绩，所以我获得了日本和加拿大两所法学院校的邀请函，因此特别纠结。先生了解到了我的情况后，主动联系我，客观地分析了我的个人能力和情况、目标院校的基本情况，以及之前指导过的公派留学学生的相关经验等，为我提出了极为中肯、客观的建议。我遵循了先生的建议，结果成功地申请到了公派出国的机会，并且这次出国访学的经历，不仅进一步地提升了我的学术视野和眼界，还成为了我日后寻找工作的一大助力。这一关键时刻的指点，对我助益莫大，在感激先生建议的同时，

---

* 陈光中教授指导的 2014 级博士研究生，首都师范大学法学院讲师。

也深深地佩服先生的眼光和智慧。凡先生对我的指导和点拨，皆如此，不胜枚举。

《礼记·学记》云："君子之教喻也，道而弗牵，强而弗抑，开而弗达。"先生的治学理念，注重培养学生独立思考、拓展创新的能力，秉持开放包容的态度。对于学生的科研，先生注重引导、点拨，启发学生有自己的思考，提出自己的见解。但是对于科研的成果，又要求十分严格，认真负责。大到行文思路，小到论据引注、语言用词，必严审紧修。这种严谨沉稳、笃实求新的科研态度对我产生了极深的影响。现已为大学教师的我，无论是对自己的科研论文，还是审改学生的文章，都是反复思考，是否达到了先生当时对我的要求。此外，"善歌者，使人继其声；善教者，使人继其志"，先生对不同基础、不同情况的学生，讲求方式和方法，因材施教，并身体力行地教会学生科研的"道"与"志"，这种治学育人的方法，彰显先生明德传道的大师风范。先生的名望和治学态度，在法学界有口皆碑，但是作为先生的愚生，从学几年来，近水楼台，更是深有体会。每取得一点点进步，都会由衷地感叹先生远见卓识的学术眼光和谦逊务实的品格。

今年时值先生执掌教鞭 70 周年，有感先生对我的栽培和引导之往事，谨具此小文表达对恩师的深深敬意，衷心祝愿先生学术之树长青，生命之水长流！

唐彬彬*

天涯海角有尽处，唯有师恩无穷期

2022 年是先生从教的第 70 年，也是我入门的第 7 年。在先生身边的 7 年，我感受到了一个治学严谨、可敬可爱的智者的人生哲学。这 7 年，先生用他的一言一行，教会了我很多事情。

先生教我的第一件事，就是认真治学。

在学校时，只要一见面，先生总会过问，最近学了什么，在写什么论文，学业有什么进步。还记得刚入门不到两个月，我立刻撰写了第一篇学术文章，主题是"冤假错案中的法官责任追究"。虽然我自认为初稿写得很次，但是侥幸以为先生肯定没时间认真看，所以写完就赶紧发给先生。其中，大部分原因还是想告诉先生我这段时间在认真学习。两三天后，我接到先生电话，让我去家里聊聊论文。我大吃一惊，心里不断打鼓：完了，先生看到我的论文，会不会不高兴，会不会想把我逐出师门。就这样忐忑着，我到了先生家。先生和我一起并排坐在沙发上，他拿出我论文的打印稿，上面全是勾勾画画的笔迹和评语。这份草稿我向先生要了回来，一直夹在我的笔记本里，现在偶尔整理材料还会打开看看，都会想起当天下午的场景。我当场就想找个地缝钻进去。谁料先生开口就说，"你这篇文章选题挺好的，结构也不错，你还把这么多案例总结起来，列表分析，这个研究方法好，非常直观"。先生说完，脸上还露出了满意的微笑。后来在先生组织的某次北海春游时，迎龙师兄告诉我先生和他讲了我的案例分析法，至今我依旧记忆犹新。然后，先生拿着稿子一段一段给我讲解，这里怎么写，那里怎么改。先生还反复强调，学术论文的用词一定要准确，比如这个"政府"一词，美国和中国的内涵就不一样。一下午的时间很快就过去了，这也是我入学后上的第一次"一对一"私教课。

后来，有一次我向先生报告想参加最高检的征文活动，文章暂定围绕《中华人民共和国人民检察院组织法》（以下简称《检察院组织法》）以及《中华人民共和国检察官法》（以下简称《检察官法》）的修改进行。先生在晚上 10 点给我打来电话，教了我 1 个多小时，告诉我这篇文章一定要突出什么内容，哪里是亮点，要怎么来铺陈。听罢，我如有神助，几天内就写完了这篇短文。今年，听一位师妹说到博士学位论文写作过程中，先生也打了 1 个多小时电话和她聊框架。我就猛然想起同样被先生电话指导了 1 个多小时的那个晚上。

文章写完几日后，正好赶上陪先生去徐州调研。在从北京去徐州的动车上，我向先生

---

* 陈光中教授指导的 2015 级博士研究生，中国人民公安大学法学院副教授。

汇报论文已写完，论文题目暂定为《检察制度改革中的突出问题研究——兼论〈检察院组织法〉〈检察官法〉的新修改》。先生说，"这个'突出问题研究'好，咱们合作的那篇文章也可以这么叫"。于是，先生就将我们合作发表于《比较法研究》的论文题目定为《深化司法改革与刑事诉讼法修改的若干重点问题探讨》。这一次合作的论文，我先根据先生撰写的大纲和讲话稿，写出了草稿。先生在此基础上，指导我进行框架调整和逐字逐句修改。最后成稿时，论文已然"面目全非"。先生直言，"如果不是我一句句改过的文章，我是不会挂名的"。

博士3年，先生的教导虽不是面面俱到，但一定是先问诊、把脉之后，切中肯綮地点播。

毕业之后，每逢年节，我和我爱人一定会去先生家，陪先生、师母坐坐，聊聊家常，汇报自己工作的进步。这似乎已经形成了习惯。先生一般开场都会笑嘻嘻地说，"听说你最近干得还不错"。我知道这是对我最大的肯定。先生多次提及：我现在还有几个事情未了。"一是，《中国古代司法制度》《中国现代司法制度》已经出版了，还剩下一本《中国近代司法制度》，我还要出版完毕。二是，我的《刑事诉讼法》红皮书教材还要组织翻译成英文"。虽然，在先生正式决定翻译红皮书前，我就已经向先生毛遂自荐，希望能够帮助先生承担翻译任务。但是，先生见我初出茅庐，担心影响我工作一直未拉我入组织。后来，在我向先生汇报我参评副教授没问题后，先生才允许我分担了沛权师兄的部分工作。在此，我再次感谢先生能够让我参与这项意义重大的工作，让我的名字出现在红皮书译版之中，这已是我可遇不可求的幸运。"三是我的私事，我的自传还需要修改"。在自传撰写前的材料收集阶段，我也很荣幸能够参与。在这个过程中，我对先生参与诉讼法学会组建、1996年《中华人民共和国刑事诉讼法》修正的经过有了更深入的了解，对先生的敬仰也多了很多。每每听先生说完待完成的三件事，在座的我们都会说，"先生，您的担子也太重了，您现在该多休息啊。"此时，先生总会淡淡地接上，"这些事情不做完。我放心不下"。

是先生让我明白，学问是终身之事，入了这个行，只有认真对待学术才能拿稳饭碗。先生教我的第二件事，就是做人为上。在先生身边的7年，先生为人谦虚、严谨、勤勉、友善，为我们树立了学习的榜样。在校期间，我跟随先生出席了大大小小数十场会议，每次在会场都能感受到先生备受学界后辈尊敬。在先生的90华诞贺寿文集中，我读到了同门与诸多诉讼法学界前辈写的与先生的故事，无一不表达出对先生的感谢。这让我深刻地体会到，一个提携后辈的长者曾经送出的微微烛光，已经聚成满天繁星。

毕业后，每次给先生发消息想去看看他和师母，先生都会回复"欢迎!"我也默契地等到上午十点或者下午三点半以后，等先生起床再到家里。相比于先生喜欢我们去家里陪他坐坐，其实是我更享受和先生一起聊天的时光。我和我爱人背井离乡在北京安家，先生就像我们的大家长，同门兄弟姐妹就像我的亲人一样。每次在先生家，我都能感受到家庭生活的幸福时光。

2020年11月，先生编著的《中国现代司法制度》举办新书发布会。正逢我在派出所下派锻炼，因太久没见先生，发布会后我便主动送先生回家。我在路上把一上午的学习心得叽叽喳喳地汇报给先生，又向先生讲了讲最近工作的情况，先生说："你在单位取得好成绩固然重要，但一定要把做人放在第一位""要真诚对待自己的同事""人品不行，你做什么事情都做不好"。我听罢，向先生保证，"我一定把做人放在工作之前，要对得起'您的学生'这几个字，不给您丢脸"。这么多年，我一直把先生的教导放在心里。很庆幸，现在我还能坦然对先生说，我一直坚守着当初的承诺。

先生教我的第三件事，就是热爱生活。

先生是一个有情调的人，春天带我们看花，夏天带我们划船，秋天带我们郊游，冬天带我们唱歌。现在想起来，我都会笑出声。

先生很爱鲜花，最爱的当属百合。从入学起到现在，每次去先生家我都会带上鲜花。2016 年春天，先生带我们去景山公园观赏了郁金香。当时先生还能和我们游玩、拍照近 1小时。去年郁金香花开之时，我想起了这一幕。于是给先生发了好几张郁金香的美照，说："先生，今年景山公园的郁金香又开花了。还记得我们博一那年，您和师母带我们去景山公园春游，然后又领我们在边上的酒店吃饭。"先生回复："现在身体健康不允许了"。我竟有点黯然神伤，后来买了一桶郁金香去先生家，将春景送到先生眼前，然后开心地和先生合了影。

2021 年 4 月 24 日，陪先生赏郁金香

在我们同年的三个同门中，我学术能力只算末流。临近毕业，有一次在先生家，先生告诉我："我的这一届学生中，你科研能力不算好，但你的心态是最好的。"我顿时一块石头落地了，憋了这么几年，怕先生看出我学术能力不好，没想到先生早就了然于胸。是啊，这些事情怎么能骗得过老师呢？就像父母最诚挚的期许就是希望子女健康平安，老师在收学生时又怎么会要求学生必须成为学界翘楚呢？如果有幸成为，那也是老师的幸运。然而，这是在我成为老师之后才能体会的情感。感谢先生因材施教的教育理念，没有让我度过一个噩梦般的博士生活。感谢先生热爱生活的态度，让我对我的求学与工作生涯都充满了希望。

2022 年正月初六，给先生拜年

2022 年正月初六，我们在先生家拜年，先生说"今年是法大成立 70 周年，也是我从教 70 周年，诉讼法研究院打算给我举办一个仪式，之后也会像贺寿故事一样向大家收集文章"。我马上举手，"先生，我要写的，我和您还有好多故事没有写"。先生粲然一笑，说"你就是个积极分子"。

70 年前，中国高等院校大调整，时任新生班副班主任的先生还需要去上海向考生解释何为北京政法学院。70 年后，中国政法大学早已盛名在外，先生仍然笔耕不辍，身体力行地向我们展示着法大精神。

姜　丹[*]

忆与先生二三事
——贺陈光中教授执教七十周年

陈光中先生是著名的法学家、教育学家，是中华人民共和国刑事诉讼法学的开拓者和重要奠基者，法学界的泰斗，是诉讼权利保障的推动者，是建设中国特色社会主义法治体系的鞠躬尽瘁者……先生实至名归的标签还有很多。而作为被先生严格要求、关心备至、提携有加的学生，我想借先生执教 70 周年的机会回忆与先生相处的一些小细节，把那些带给我无穷力量和温暖的瞬间细数几个出来，展现先生生活中质朴又可爱的一面。

硕士期间，导师魏晓娜教授在一次聊天中为我讲述了推动聂树斌案再审的很多细节，陈光中先生在这个过程中的努力和坚持让我对这位在教材封面上署名的先生有了高山仰止般的尊敬。于是我便开始系统学习先生的文章与专著，先生笔下的文字是有力量的，那些字眼组成词，词汇串联成句，语句契合成文章，将法律对公正与真相的捍卫蕴藏其中。拜其门下，心神往之。

2016 年，冬至翌日，我在魏老师的引荐下，怀着忐忑又激动的心情登门拜访了先生。拜访前先生曾单独嘱咐不要拎东西，这条规矩的线并没分割开这位老人的慈爱。我略显怔怔地站在他家里，先生便招呼我一起吃水果，过于紧张的我一时不知如何作答。这个传统里很容易尴尬的社交环节先生却处理得很有趣，先生笑着说："我不让你拎东西，但你可以吃我的呀。"妙语解颐，君子如玉。那天我试着求问能不能在他师门求学，我的本科学校并不出众，担心不符先生师门的条件，先生很随和地说他招收博士生一直是看招考成绩，这样的评价标准更客观些。先生给的答案让我更加坚定了踏上这条负笈求学的路。进门时还不知所措，到出门时手里却多了师母给的水果。

2018 年，芒种，那时我已在师门求学半载有余，先生虽已入耄耋之年，但仍然坚持为学生授课，平日里亦是笔耕不辍。那段时日我有幸辅助先生写《中国现代司法制度》中十八大以后刑事司法改革的相关内容，先生对每行字句的严谨和磅礴的笔力让我深深地折服。师母时常在旁提醒不知疲倦的先生休息一会儿，还心疼又无奈地说先生是"永动机"，我想先生旺盛的精力是其对法治事业的巨大热忱所带来的。长长的书稿，先生却能耐心做到字斟句酌，每小节里的连接词先生都不让重复。先生作为主编，对其他作者负责的部分也细心校对。记得陪先生校对 20 世纪七八十年代的那段刑事司法制度史时，先生讲起了他那段时间的经历，言语间能听出来的只有怀念，那段时间在广西先生学会了蒸馒头，练

---

* 陈光中教授指导的 2017 级博士研究生，国家法官学院教师。

好了切菜，认真上好历史课。当时心想先生之所以是大先生，除了天赋与勤奋，还有着坚韧的内心。先生这一生无论居逆境或处顺境，都怀平常心而砥节砺行。

跟着先生学习的 3 年，我也被先生生活中的温暖与善良感动。也是在那年夏天，师母因身体不适住进了医院，先生在师母不在身畔的那段时日曾动情地说过：这么多年都没认真看师母吃一顿饭。我在去医院看望师母时无意讲出了先生这句朴实又暖心的话语，师母竟一瞬间眼中泛起了泪光，我便赶紧转移了话题。先生对所托之事的古道热肠也温暖着他生活里的每一个人。钱端升先生之子钱仲兴为其父亲写了传记，并请先生作序。先生怀着对钱老的尊敬与怀念欣然应允，我又成了先生作序的小助手。先生先是给我讲述了与钱老相处的往事，又要求我跟着他一起从头到尾读完了那本传记，还让我去学校（中国政法大学学院路校区）的钱端升纪念馆搜集更多的资料，说只有深入了解钱老才能写好传记的序言。完成了前期准备工作后，我按照先生的思路写了初稿，先生一字一句反复修改，先生作序时的认真程度完全不亚于写学术论文。收到序言的钱仲兴先生读后十分感动，而我也通过此次工作越发崇拜可爱又热心的老先生。

毕业后，每次去先生家都像是回家，内心踏实又轻快。从先生那里学到的很多道理、汲取的很多正能量，我都牢牢记在心里，虽然无法马上参透或者一步做到，但这些都是我以后面对困难的力量和向阳而生的养分。

唐露露[*]

言辞有尽，恩思不竭
——庆祝先生执教七十周年

2020 年，先生 90 大寿的庆典因疫情未能如期举办。对陈门弟子而言，失去一个欢聚一堂为先生祝寿的机会难免遗憾。2022 年恰逢先生执教 70 周年，作为即将毕业的陈门小弟子，当听到中国政法大学将举办庆祝先生执教 70 周年的会议时，我内心无比激动。一来，能够有机会向恩师表达崇高敬意；二来，可以继续为先生的福寿绵长表示祝福。言辞有尽，恩思不竭，谨以此文纪念跟随先生学习的美好时光。

2018 年深秋，经汪海燕老师推荐，我决定报考先生的博士生，并由此与先生结缘。对我来说，从报考到录取可谓一番波折。时年，报考先生博士生的学生共有 5 名，而先生只有两个招收名额，竞争激烈。在笔试中名列前茅，在面试中却表现平平的我着实让先生纠结了一番。为公平起见，先生特意对笔试试卷进行了比对复核，而后先生告诉我，之所以最终决定录取我，原因是我能在写满字的试卷上保持字体工整漂亮，很有特色。直到现在，想起此事我还捏把汗，若不是从小好好练字，或许就与"陈门弟子"的身份失之交臂了。

学术研究之路是一条苦心修炼的成长之路。在这条路上，先生对学生的指导尤其注重因材施教，他不过多影响学生的想法和观点，多数时候是以潜移默化的方式教授和培养学生研究和写作的好习惯。2019 年我同先生合作撰写《我国死刑复核程序之完善刍议》一文。写作过程中，先生从题目的选定，到标点的使用，再到脚注的核对，事无巨细，亲自斟酌把关。翻看那段时间的聊天记录，有 6 个晚上，先生与我就论文修改的讨论持续到零点之后，最晚的一天甚至到凌晨 1 点 47 分。先生每次都嘱咐我要"保证休息"，自己却总是工作到深夜，想到此，实在汗颜。

虽然在学业上我尽可能不让先生担心，但在生活上却没少让先生挂念。我从小抗压能力弱，一有任务就容易胃疼失眠，为此先生常常发消息关心我。2020 年暑假，因疫情反复，先生担心独居的我不能好好照顾自己，专门发补贴嘱咐我好好吃饭。先生是江浙人，口味清淡，但知道我喜辣，每次点餐都会选上一个川菜或者让家里阿姨准备一碟辣酱给我下饭。

与先生在一起的日子里，我以学生的身份同时做着一名观察者和仰慕者。我想，先生之所以被称为刑事诉讼法学界的泰斗，源自于他所拥有的强大的感召力。而这种感召力来

---

[*] 陈光中教授指导的 2019 级博士研究生。

自于强烈的使命推动、巨大的精力投入和长久的学识积淀。斯蒂芬·茨维格在《人类群星闪耀时》一书中说："人生最大的幸事，莫过于在富于创造力的壮年发现了自己的使命。"据先生讲，为了能在"立功、立德、立言"上有所建树，他在选择法律专业后，便立志从学术上为国家的法治建设做出贡献。这种强大的使命感注定造就出先生这样终身为法律教育事业做出奉献的榜样。对常人而言，古稀已算高寿，而今先生已在教育岗位上持续工作70载，著作等身、桃李满天下的他却还在不断地发挥余热传道授业解惑，即使在"云时代"，备课授课、面试答疑、开会研讨等也样样不落。如此与时俱进、严谨治学的教育家怎能不德高望重？怎能不让人敬仰？

先生恒久耕耘于法学教育，人生兼具质与量。于刑事诉讼法学界而言，先生是标杆，是指明灯，为莘莘学子点亮方向，鼓励后辈不断攀登；于陈门弟子而言，先生是依靠，是归宿，无论走多远，无论做什么，我们都因先生而有力量，有勇气。卡洛·罗韦利在《时间的秩序》一书中写道：对于不停运动的人，时间流逝得更慢。愿我们的钟鸣先生寿比南山，为一代又一代的弟子们敲响上课的钟声……

马浩洋*

陈永嘉先生赋

序：予既从陈氏光中先生修读，已逾二载，会先生执教七秩之年，门下诸生，无论长幼，应诗举赋，以为文集。予亦作此赋，有崇师恩，亦窃感时怀咏，惕惕自喻。

昔中原陆沉，儿女奋强，原道失序，新学肩荒，时维应天命以涤故国之沉疴，假人杰图立法宪而光中。托金瓯兮扬汨东溟，饮白泉兮容与茂林，涉青溪兮沃流秀稻，廓苍山兮吞吐威灵。先生既降，承永嘉之所育，美济时之所营。

先生及冠，乡关远路，志精实学，弃履玄虚。自金陵南徙，又珠江北途，披穗袍于燕园，定室业于新都。既怀璧乎胸臆，逢揽才于红楼，遂振作翅羽，栖崎初林，授讲刑诉，贤推好音，属文成论，辩慧聪明，虽炽炎俄法，亦温凉美情，故长者郁术而雏凤先鸣，虽西学滞汩然人道显行。

惜哉！望舒堕土，仲春凌霜，先生非过，处高軥鼛，六翮翦束，志业维纲，虽苟经史于一隅，亦乐心事而不忘。大学斡弃，贤圣阒茸，黜逐庖业，迤遭南宁。先生虽忠谏而不能语，惟守方正以俟河清。

先生性非贾谊，造托罔极，坚如百里，才堪羊皮。斯瘼散俟，轩车策起，穹崇法大，噌吰讲席。先生觉失，焚膏待旦，唇言继墨，辨明蚩妍，学访良邦，策谏兰台，终铸鼎于丁丑一律，开宗延三百杏坛。

先生文字，郁茂重峦。形也若何？立干结繁。实也若何？刺世非端。意也若何？本隐以显。势也若何？河奔鸟瞰。气也若何？流溢浩然。文选四卷，开今学之轨模；法史三传，起无韵之波澜。

士非文章不足以传思，贤无教化不足以立德。候雪陈门，百五十徒，有教无类，牡骏者自游涉乎山海；印蹊桃下，无以数计，发贤启愚，盐车材亦服登于崇阿。先生尝言："博而后精，贵在创新，文以载道，学以致用。"诚颙印之始，莘将之端。

露华灿烂，羲起旋逝；皎月恒久，寂夜长孤。然先生志业，灿若朝露，先生彭康，常似月弧。青山七秩，桃李为之颂业；白江九旬，黍稷尚可盈福。

先生我师，仰颈至极。惘怅我业，泞溺难行，徒羡金石之业，难弃温饱之鄙，朝思世纷浊而迁逝，暮患文好恶而我欺，至于日夜寥廓，春秋迁移。自览先生之行止，稍有可觅，人生赋运，从无定期。能求心落笔，平衡朝夕，时来美政，运去美俗，亦不负从师之迹。

---

* 陈光中教授指导的 2020 级博士研究生。

胡雨晴[*]

"90后"在职人员："超长待机"为法治"续航"

记得有次去拜见先生了解到一个情况：先生本想将医保的定点社区医院从学校转到家附近，但是操作上存在难度，因为他是"在职人员"，而非"退休人员"。虽然知道先生是终身教授，但是听到先生属于"在职人员"时，我还是略微地感到震惊。震惊之余，更多的是敬佩。先生这位"90后"高龄的在职人员，已投身中国的法治事业逾半个世纪。

先生的敬业精神在法学界有口皆碑，作为学生的我们感受更为细致。跟随先生读博，有时会收到身边一些朋友的疑问：是先生自己在带你吗？我说：是先生自己带。先生不仅是亲自带学生，而且是非常认真地在带我们。

举一个期末期间发生的小事的例子。先生提前布置了他所带的各个年级博士生的期末任务，明确作业上交时间。到了交作业截止日期的前一两天，先生还在在校生群里在线"催作业"，让大家抓紧完成，"晚交要扣分！"先生的这股认真劲让还没交作业的我们既感受到了压力和紧迫感，又觉得莫名的可爱。

还有就是指导学生写论文。每次我们有选题上的想法与先生交流，先生都会非常直接地给出他的看法，他觉得这个选题行还是不行。先生作为学界泰斗，说话举足轻重，但是他却并不认为我们必须接受他的意见。如果他觉得这个选题不行，学生还不放弃，还想试试，对于年轻人这种不服输的劲儿他也是报以最大的理解和包容。我们写完论文请先生指导，提修改意见时，先生也总是非常及时地看完并反馈他的意见。

作为学生，我们每次见到先生总会问候一下他近期的健康状况。先生每次谈及健康状况时总免不了提到工作，身体不适时还总担心耽误工作。

先生就是这样一个认真对待、时刻记挂他所有工作的人，老一辈学者的严谨和敬业在他的身上体现得淋漓尽致，教书育人是这样，治学也是如此。

在90岁高龄时，先生还出版了国内首部系统研究中国现代司法制度的著作《中国现代司法制度》。这本著作在相关史料的呈现上，力求翔实、准确，忠实记录并全面展示了我国现代司法制度的发展历程。在展现中国司法制度发展历程的基础上，书中还夹叙夹议地对司法制度的重要变革给出了客观、精到的评价，在反思一项制度不足的同时也看到了其背后的历史原因，向读者展示了看待一项制度的理性态度。该著作已成为研究我国司法

---

* 陈光中教授指导的2020级博士研究生。

制度不可或缺的经典之作。

当年轻人为能不能拥有"下班自由"而争论不休时，年事已高的终身教授，本来早就可以拥有"不上班的自由"，却依然活跃于科研、教育一线，继续为科研和教育事业贡献力量。当然，每个人都有选择自己工作和生活的自由。但是那些愿意牺牲自己的自由为这个社会做更多的贡献的人，是这个社会真正的脊梁，值得我们的尊重和感激。

李　作*

呕心沥血情不倦，哺育桃李满芬芳
——致敬陈光中先生从教七十周年

2022年是陈光中先生从教的第70个年头，我作为"陈氏学堂"的晚辈，入学刚逾一年，加之才疏学浅，无法用语言准确描绘出先生的伟大学术成就和高尚品格。在此，只想通过我与先生的接触，简单展示一个"大家"严格、质朴又可爱的一面。

一、幸运入门，并当上先生的"小秘书"

在正式决定申请攻读博士研究生之前，我可能从未想过能够读上先生的博士研究生。也是巧合，在准备报考博士研究生时，我的硕士生导师顾永忠教授因到龄退休，故只能寻求报考其他导师的博士研究生。得益于顾永忠教授的支持，在选择导师的问题上，多方面帮我打听并问我的想法。当我颤颤巍巍地说出："我能不能试试申请先生的博士。"顾老师对此表示了支持，并很快同先生联系，表达自己有硕士研究生想报考博士研究生。两日后，先生便让我单独去家中见面聊聊。怀着忐忑的心情，我准时敲开先生家的家门。先生招呼我坐下后，便开始让我进行自我介绍。说罢，先生鼓励我报考，并介绍了当前有意向报考的学生情况，要求我好好准备复试，有事情可以通过微信沟通。此外，先生还聊起了一些生活等方面的事情，瞬间让我紧张的情绪舒缓了不少，这次见面，可以算是对先生平易近人一面的初体验。

经过激烈的复试考核，我终于被录取为先生2021级的博士研究生，第一时间，我将这个结果通过微信告知先生，先生很快回复："好好努力，加油。"由于刚好遇上毕业季，如何规划好这段时间一时没有头绪，我便想寻求先生的指导。先生让我第二天带上电脑来家里。在家里，先生指导我对"刑事诉讼法"这一百度百科词条进行更新。一个两三页的材料，先生就用语、标点等反复推敲打磨，多次易稿，几次深夜还发来修改意见。一件小事，让我感受到了先生做学问的认真态度。在这个任务完成之时，先生跟我说："我一般有两个学术秘书，辅助我处理一些学术上的事情，有一个学生博士三年级了，毕业论文和找工作压力较大，同时又要出国交换。从这个任务的完成情况来看，你还是比较认真的，你就接替承担这个学术秘书的工作吧。"一瞬间，我受宠若惊。

二、言传身教，收获宝贵经验

担任先生的"小秘书"之后，我也有了更多与先生接触和向先生学习的机会，通过这一年多的学习，对先生印象最深的大概有以下几点，其一，先生是个时间观念很强的人。

---

* 陈光中教授指导的2021级博士研究生。

先生不管是去参加学术研讨会，抑或来学校上课，通常都会留足在路上的时间，并且几乎每次都会提前到达目的地，而不让别人等他。其二，先生是个很注重对学生教育方式方法的人。有时候陪同先生参加研讨会，会后，先生一般在车上都会问我："小李。今天有什么收获。"每次我说完，先生总会点评几句，并将相关联的知识一并讲解。对于我有时候提出的一些不成熟想法，先生总是很支持，并鼓励我去试试。其三，先生是个很为学生考虑的人。先生很不喜欢学生给他带东西，无论价格昂贵抑或便宜。尤其对在读的学生，先生一直认为学生目前还在学校，没有赚钱能力，不要再增加额外的经济压力。相反，我每次陪同先生参加会议或者干点活，先生总会通过微信给我发红包，称之"劳务费""车马费"。其四，先生是个很注重生活细节的人，每次出门前，先生总会穿戴得很整齐。而有时候活动结束后会留下来吃饭，先生总会点上"三件套"：鹅肝、烤鸭、多宝鱼。此外，先生也会时常说起他的一些爱好，先生年轻时特别爱打乒乓球，爱唱歌；直到现在，还经常哼唱《驼铃》《松花江上》等歌曲。从平时的接触中，我看到了一个"大家"对学生既严格，但又关心学生、热爱生活的长者形象。

三言两语，不足以概括先生。我时常庆幸，得遇良师。借此机会，祝先生学术之树长青、生命之树长青。

丰怡凯[*]

感恩先生：从"七十分之一"到"百分之百"

到今年7月，先生将实现执教70周年的伟大成就，令人敬重与欣喜！作为先生的弟子，我目前虽然才入师门仅一年，但在与先生有限的接触中却真切且强烈地感受到了先生在言传身教与授业解惑中的智慧与魅力，使我如沐春风，受益匪浅。因此，值此伟大时刻之际，我这个师门小弟子也想借助这个机会表达对先生的感恩之情。

感恩之一：非常荣幸能够成为先生执教70周年中的一部分

从古至今，放眼整个世界教育史，执教70周年都是一个极其罕见的伟大成就，因而更加凸显了先生的卓越教育贡献。面对这一伟大贡献，相信任何人闻之都将会对先生致以崇高敬意！而我，作为一个拜入师门仅一年的辈分最小的弟子，过去的一年求学时光已然成为了这一伟大历程的一部分，即"七十分之一"，这对我来说何其幸运！

我感恩自己有幸能够亲身感受、经历了先生辉煌执教生涯中的其中一年，这使我近距离领略了刑事诉讼法学一代宗师的魅力。我更感恩的是，先生不嫌弃我资质平庸、生性鲁钝，愿意给我一个追随他攻读博士学位的机会，从而让我能够有幸亲身经历先生伟大执教生涯的"七十分之一"。

坦率来说，当我决定报考先生的博士时，我的内心极其忐忑，因为先生是德高望重、著作等身的刑事诉讼法学泰斗，而我只是一个籍籍无名、天资寻常的普通学生。尽管我非常紧张和不甚自信，但听说先生还继续坚持指导博士研究生时，面对这个宝贵机会，我还是鼓起勇气选择试一试，毕竟，对于有志于从事刑事诉讼法学研究的人来说，能够在博士研究生阶段得到陈光中先生的亲自指导，毋庸置疑是一件值得引以为豪和受益终身的幸事！

当我冒昧向先生表示想报考先生的博士研究生时，先生并没有拒绝我这个毛头小伙子，而让我在当年的国庆节长假的某一天去家里找他，当面了解一下我的基本情况。我当时激动的心情难以描述，没想到先生直接愿意给予我一个当面熟悉的机会！那一刻，我在心里暗暗发誓，一定要好好准备，好好表现，不能辜负先生给我的机会以及硕士导师的支持。但临近与先生约定的日子时，意外来了：我9月底在学校打篮球时不小心崴到脚了，还肿得很严重。尽管已经及时去医院进行了治疗，但在约定拜访先生的那天，右脚仍然肿得厉害，甚至只能勉强穿下鞋子。出发的时候虽然一瘸一拐，但我已经盘算好了，见到先生时一定忍住，不能露出受伤的蛛丝马迹，努力给先生留个好印象！等到了先生家楼下，

---

* 陈光中教授指导的2021级博士研究生。

我整理了一下衣服，准备先平复一下心情，并熟悉一下自己的准备工作再上楼。没想到，这时候突然看见保姆阿姨陪着师母和先生从门洞里迎面走出来，准备在小区散步。我当即顾不上脚痛小跑上去，向先生和师母介绍了自己，并陪着先生在小区走了几圈，期间先生一直给我说刑事诉讼法应当如何学习、平常研究应当注意哪些问题，还询问了我家里的基本情况。当得知我来自豫北农村且家庭条件不算好时，先生还夸我有志气选择读博，而听完先生的教诲与鼓励，我愈发坚定了自己的选择！随后，我陪先生上楼返回家中，并把自己硕士期间写的几篇小文章打印成册请先生审阅。先生虽然高龄，但看得很认真，并评价我有一定的读博科研潜力。同时，先生又强调自己在招录博士研究生时的原则，即公平公正，择优录取，希望我认真准备。我听了先生的教诲和鼓励后，备受鼓舞，决心回去拼尽全力备考，不能辜负先生给予的宝贵机会！最终，经过努力的备考，在笔试和面试环节我都发挥得不错。其中，面试的时候，先生亲自通过线上进行面试，我虽然紧张，但仍然发挥得还算顺利，最终有惊无险成功获得了先生博士的资格！感恩先生给予的报考博士研究生的机会以及最后的认可，让我有幸得以成为先生辉煌执教生涯的亲身感受者，有幸使得自己的博士求学生涯成为先生伟大执教历程中的一部分！

感恩之二：非常荣幸能够得到先生百分之百的指导和教诲

陈光中先生不仅拥有令人难以望其项背的 70 年执教长度，更展现出对每位学生百分之百用心的执教高度。作为一个拜入师门仅一年的弟子，我真切感受到了先生全心全意指导学生的态度。当别人知道我师从陈光中先生攻读博士学位时，经常会好奇先生高龄之下是否仍会亲自指导学生。对此，我会认真告诉他们，尽管先生已逾 90 岁高龄但仍会亲自指导学生，而且每次指导都会百分之百投入！以下两件事可以鲜明彰显先生指导学生之认真与用心：

一是对待博士研究生集体指导课的认真。学院为我们博士一年级开设了导师集体指导课。对此，先生每年亲自表率，负责为刑事诉讼法学和监察法学的博士一年级同学教授第一节集体指导课。在集体指导课上，先生授业解惑风采不减当年。先生讲完后，还会请大家踊跃提出自己的疑问，并当堂为大家解疑释惑。尽管现在先生听力不太好，但仍会请大家以书写纸条的方式阐述自己的问题，然后再字字铿锵地回答大家提出的每一个问题；二是对师门弟子指导的用心。虽然因疫情防控的原因，在过去的博士一年级中，我们弟子能够当面见到先生的次数寥寥，但每次见面，先生都会主动关心大家的学习情况。如果有问题想要专程去家里请教先生，先生也会欣然应允。例如，在今年的元旦后，我鼓起勇气向先生提出想去家里拜访先生，当面聆听先生指导。先生不仅欣然应允，还主动告知我什么时间可以来。借此当面请教先生的机会，我把博士一年级上半学期的学习成果以及学习困惑向先生作了汇报和请教，先生对此予以了耐心指导和教诲，并建议我要努力学好英语，尽量多做些优秀科研成果。

不管是课堂上作为普通学生，还是作为先生的博士研究生，我很感恩能够有幸获得先生始终如一、全心全意的百分之百的教诲，这将是我人生中最宝贵的财富之一！

感恩先生不弃，才使得我过去一年的学习时光有幸成为先生执教 70 年长河中的一朵时间浪花；感恩先生用心，才使得我在博士研究生期间有幸得到刑事诉讼法学泰斗的谆谆教诲和悉心指导。

感恩先生，衷心祝愿先生永驻杏坛，桃李天下，福如东海，寿比南山！

陈琼雯[*]

庆祝陈光中先生执教七十周年感言

陈光中先生是我国著名法学家，中华人民共和国刑事诉讼法学奠基人，先生长期致力于刑事诉讼法学、证据法学、中国司法制度史和国际刑事人权法的研究，为培养法学高级人才，发展诉讼法学特别是刑事诉讼法学，改革和健全中国刑事司法制度，加强刑事司法人权保障，开展国内外诉讼法学交流做出了卓越贡献。有幸得先生厚爱，忝列"陈氏学堂"门墙，在庆祝先生执教 70 周年之际，谨以此文向恩师表示最崇高的敬意。

我第一次听闻先生是在上大学时的第一节刑事诉讼法学课程，通过先生的《刑事诉讼法学》"红宝书"教材，我真正走进了刑事诉讼法学的大门。实际上，我本科就读的广西大学与先生颇有渊源，在广西大学君武楼校史馆陈列着先生当年教授历史的有关照片及材料。在随后的法学学习以及基层检察机关工作过程中，我更加能够理解和体会先生提出的以审判为中心，无罪推定原则以及严格遵守正当程序等理论。因此能够跟随先生学习是我多年的梦想。2021 年我被先生收入门下。对于这一来之不易的学习机会，我是倍加珍惜的。先生在刑事诉讼法学以及司法改革领域的思想已经形成了完整的理论体系、方法论以及学术方法。在陈门的学习期间，大到论文的主旨，小到注释的规范，我得到的是一套完整的学术训练。

"师者，所以传道受业解惑也"。在对待学生方面，先生最大的特点就是像慈父一样关心和关爱学生，在他身上体现了对学生无私的奉献和关怀。先生家的客厅就是他的办公室之一。他经常在家里接待学生和各地过来请教的学者，他对每一个学生都是耐心听讲，仔细讲解，毫无倦意。每次和先生约好时间，前去请教。先生总会按照约定的时间等待着学生到来，对于学生的问题进行解答。先生不仅是一位治学严谨的师长，更像一位耐心亲和的大家长。在我博士学习之初，刚从实务部门转向学术研究，对未来的学习和就业充满惶恐和困惑。先生就博士学习以及未来就业对我进行指导，指出了问题也提出了要求，教育学生勤恳为学、认真行事。先生十分关注学生学术兴趣和创新能力的提升，关心学生生活、学习、心理各个方面。

在治学方面，先生立足实践，以中国问题为导向，同时擅长对世界范围内的司法制度经验进行广泛的考察与借鉴，形成了丰硕的成果。先生主编的《联合国打击跨国

---

* 陈光中教授指导的 2021 级博士研究生。

有组织犯罪公约和反腐败公约程序问题研究》一书诠释了打击有组织犯罪以及反腐败追赃追逃工作中惩治犯罪与保障人权，国际法与国内法衔接以及国际刑事合作与交流的国际法以及各国法律的细化程序规范。为我国后来出台的《中华人民共和国反有组织犯罪法》有效吸纳国际法相关规定，努力维持控制犯罪和保护人权的平衡、程序正义和实体正义的平衡提供了相应的借鉴。

　　"遍地蕙兰思化雨，满园桃李谢春风"。敬祝我们尊敬、爱戴的先生健康、快乐！为中国法治建设继续提供前行的力量！

孟晓帆*

桃李不言，下自成蹊
以德立身，以行引路
——致敬陈光中先生执教七十周年

　　和法律同行是我人生的一次尝试性选择，这段旅程却是妙不可言。作为一名非法本的年轻律师，先生的作品是无论如何都绕不开的必读物，慢慢了解之后才发现作者比作品更伟大。崇拜敬仰的种子生根发芽，在努力的浇灌下长成拜师学习的信念，终于我如此幸运。从拿到录取通知书的那一刻到现在走在中国政法大学的校园里，我时常都会感慨命运对努力的馈赠，那个活在教科书里的人物居然成为了我敬爱的博士生导师。

　　报考先生的博士生之后，我抱着试一试的心态尝试联系先生，希望能够有机会拜访先生，没想到先生居然答应了。第一次见到先生的时候，我既紧张又兴奋，先生问我为什么想要读博士，我很坦率而直白地告诉先生我想当老师。先生从茶几旁边堆满的书籍中拿出来一本红色的《刑事诉讼法》递给我，缓缓地对我说"这是我参与编写的刑事诉讼法教材，现在已经是第七版了。你要知道，基础知识很重要，现在很多博士生对很多看似简单的基本概念其实掌握得都不准确。我们刑事诉讼法专业，有非常多很重要的基础概念，比如什么是司法？什么是司法机关？……"接着，先生问了我很多问题，我和先生介绍自己本科是学计算机的，因为考了法考，做了律师才和法律专业产生了联系，读研的时候在外刊发表过几篇文章，但是质量都不高。先生嘱咐我："好好看书，刚才那本教材你有没有？多看几遍，基础知识很重要的。"先生的教导如涓涓细流，滋润着我渴求知识的心田。接着，先生话锋一转，问我有没有对象，并叮嘱我个人问题也是大问题，女孩子可不要因为读书耽误了自己。我当时心里一暖，真是没想到先生还是一个操心的长辈呢。

　　第二次与先生见面是 2022 年的教师节，与师兄师姐们在先生家中欢聚一堂。恰逢中秋，满堂硕果，我们听着先生喜欢的歌，吃着月饼，感慨芳华流逝如白驹过隙，已然 90 多岁高龄的先生，仍然坚持为我们传道授业解惑，震撼之余更添感动。

　　在我被拟录取的时候，我对先生表达了自己的感激。先生对我说："珍惜机会，勤奋学习，必有所成！"因此，入学之后，为了增强基础知识，我也会抽出时间参与

---

*　陈光中教授指导的 2022 年博士研究生。

旁听硕士生课程。有一次听外国刑事诉讼法，授课老师说自己博士毕业论文的撰写方向是刑事辩护。因我律师职业的侧重方向也是刑事辩护，所以也想在这方面的课题上有所研究，反复思量，我鼓足勇气请教先生："虽然现在准备毕业论文为时过早，但这个方向的选题是否可行。"先生回复："这个题目不好写，让我再思考和斟酌一下。"先生的尽职敬业不仅体现在对我们请教问题的耐心回复中，还用自己的行动诠释着以德立身、以行引路的意义。在学院的集体指导课上，先生思路清晰地为全体刑事诉讼法学博士生讲授了两个多小时后，还不忘嘱咐大家，如果需要提问，可以给他写纸条，因为自己的耳朵不太好了。听到这样的话语，我们心中对恩师充满崇敬和感激，作为刑事诉讼法学界的泰斗，这种对老师职业的使命感，对每一位学生的责任心，都应该被每一个人终身学习！

感恩先生的辛勤付出，培育了一代又一代优秀的法律人，提升了人权保障在我国的法律地位，推动了我国刑事诉讼法学的发展。我对先生的感激之情很难用语言来表达，幸运的我只能在此，衷心地祝愿先生身体健康，平安如愿！

声　　明　　1. 版权所有，侵权必究。

2. 如有缺页、倒装问题，由出版社负责退换。

图书在版编目（CIP）数据

七秩春秋　桃李满园/马怀德主编. —北京：中国政法大学出版社，2024.4
ISBN 978-7-5764-1460-8

Ⅰ.①七…　Ⅱ.①马…　Ⅲ.①陈光中—纪念文集　Ⅳ.①K825.19-53

中国国家版本馆CIP数据核字(2024)第083986号

出　版　者	中国政法大学出版社
地　　　址	北京市海淀区西土城路 25 号
邮　　　箱	fadapress@163.com
网　　　址	http://www.cuplpress.com (网络实名：中国政法大学出版社)
电　　　话	010-58908435(第一编辑部) 58908334(邮购部)
承　　　印	固安华明印业有限公司
开　　　本	787mm×1092mm　1/16
印　　　张	9.25
字　　　数	225 千字
版　　　次	2024 年 4 月第 1 版
印　　　次	2024 年 4 月第 1 次印刷
定　　　价	56.00 元